Mon Mark Twain

(de Amis littéraires et connaissances)

William Dean Howells

Writat

Cette édition parue en 2024

ISBN : 9789359948881

Publié par
Writat
email : info@writat.com

Contenu

JE.

C'est dans le petit bureau de James T. Fields, au-dessus de la librairie Ticknor & Fields, au 124 Tremont Street, à Boston, que j'ai rencontré pour la première fois mon ami de quarante-quatre ans, Samuel L. Clemens. M. Fields était alors rédacteur en chef de The Atlantic Monthly, et j'étais son fier et heureux assistant, avec une liberté de choix quant aux manuscrits et une maîtrise sans entrave des notices de livres à la fin du magazine. Je les ai presque tous écrits moi-même et, en 1869, j'avais rédigé une assez longue notice sur un livre qui venait tout juste de gagner la faveur universelle. Dans cette critique, j'avais fait part de mes réserves concernant les « Innocents à l'étranger », mais j'ai eu la chance, sinon le sentiment, de reconnaître que c'était un plaisir comme nous n'en avions jamais eu auparavant. J'oublie juste ce que j'en ai dit pour en faire l'éloge, et cela n'a pas d'importance ; il suffit que je l'ai suffisamment loué pour satisfaire l'auteur. Il le signifiait maintenant, et il a gravé sa gratitude dans ma mémoire avec une histoire allégorique merveilleusement la situation, que la modestie moqueuse des imprimés m'interdit de répéter ici. Tout au long de ma longue connaissance avec lui, sa touche graphique s'est toujours permise une liberté que je ne peux pas utiliser mon crayon le plus faible pour illustrer. Il avait le langage du Sud-Ouest, le Lincolnien , l'étendue élisabéthaine, que je suppose qu'on ne devrait pas qualifier de grossier sans se qualifier de prude ; et je cachais souvent dans des trous et des coins discrets les lettres dans lesquelles il avait laissé libre cours à sa hardiesse de s'abaisser à des suggestions grossières ; Je ne pouvais pas supporter de les brûler, et je ne pouvais pas, après la première lecture, tout à fait supporter de les regarder. Je ferai mieux d'exprimer mon sentiment sur ce point en disant qu'il y était shakespearien, ou si son fantôme ne me permet pas le mot, alors il était baconien.

Au moment de notre première rencontre, qui devait avoir lieu bien vers l'hiver, Clemens (comme je dois l'appeler au lieu de Mark Twain, ce qui semblait toujours le masquer d'une manière ou d'une autre à mon sens personnel) portait un manteau en peau de phoque, avec la fourrure dehors, dans la satisfaction d'un caprice, ou dans l'amour à fort effet auquel il était susceptible de se livrer tout au long de la vie. Je ne sais pas quel commentaire drôle avait dans l'esprit de Fields à propos de ce vêtement, mais il pensait probablement qu'il s'agissait là d'un original qui ne devait être comparé à aucun livre bostonien au vu de ses qualités éclatantes. Avec sa crête de cheveux roux denses et le large balayage de sa moustache flamboyante, Clemens n'était pas vêtu de façon discordante dans ce manteau en peau de phoque qui, par la suite, malgré sa propre chaleur, m'envoya des frissons froids quand je l'accompagnai une fois. sur Broadway et a partagé l'immense publicité que cela lui a valu. Il a toujours eu un goût pour l'effet personnel, qui s'exprimait dans le costume blanc en serge complète qu'il portait dans ses dernières années, et dans la robe Oxford qu'il mettait pour toutes les occasions possibles, et disait qu'il aimerait porter tout le temps. Ce n'était pas chez lui de la vanité, mais un sens aigu du costume que la sévérité de nos tailleurs modernes interdit aux hommes, bien qu'il flatte les femmes dans tous leurs excès ; mais il appréciait aussi le choc, l'offense, la douleur que cela provoquait dans la sensibilité des autres. Puis il lui arrivait parfois de faire ces farces pour le pur plaisir et pour le plaisir du témoin. Une fois, je me souviens l'avoir vu entrer dans son salon à Hartford dans une paire de pantoufles blanches en peau de vache , les cheveux lâchés, et faire un oncle de couleur infirme à la joie de tous les spectateurs. Ou, je ne dois pas tout dire, car je me souviens aussi du désarroi de Mme Clemens et de son cri bas et désespéré : « Oh, jeunesse ! C'était le nom qu'elle lui donnait parmi leurs amis, et cela lui convenait comme aucun autre, même si je pensais qu'avec elle, c'était un recul par rapport à son baptême Samuel, ou au Sam vernaculaire de ses premières camaraderies. C'était un jeune homme jusqu'à la fin de ses jours, un cœur d'enfant à la tête d'un sage ; le cœur d'un bon ou d'un mauvais garçon, mais toujours un garçon volontaire , et le plus déterminé à se montrer à chaque fois pour le garçon qu'il était.

II.

Il y a une lacune dans mes souvenirs de Clemens, qui, je pense, dure un an ou deux, car la prochaine chose dont je me souviens de lui, c'est sa rencontre lors d'un déjeuner à Boston, offert par ce génie de l'hospitalité, le tragiquement destiné Ralph Keeler. , auteur de l'un des livres les plus injustement oubliés, « Aventures Vagabondes », véritable autobiographie picaresque. Keeler n'a jamais eu d'argent, de connaissance générale, et il n'a jamais emprunté, et il n'a pas pu avoir de crédit au restaurant où il nous a invités à festoyer à ses dépens. Il y avait TB Aldrich, il y avait JT Fields, de loin le plus âgé de notre société, qui venait de se libérer des entraves du monde de l'édition et ressentait sa liberté dans chaque mot ; il y avait Bret Harte, qui était récemment venu vers l'Est dans le cadre de son voyage princier depuis la Californie ; et il y avait Clemens. De cette période heureuse, il ne me reste rien d'autre qu'un sentiment de bavardage vain, sans but et joyeux, ne commençant et ne finissant nulle part, de rires enthousiastes, d'innombrables bonnes histoires de Fields, d'un éclat d'esprit brûlant d'Aldrich, d'un concentration occasionnelle de nos moqueries communes sur notre hôte, qui les prenait avec plaisir ; et au milieu du discours, si peu amélioré, mais si plein de bonne camaraderie, la dramatisation fugace de Bret Harte de l'attitude mentale de Clemens à l'égard d'un symposium de Boston éclaire. "Eh bien, les gars", balbutia-t-il, "c'est le rêve de la vie de Mark", et je me souviens du regard sous les sourcils plumeux de Clemens qui trahissait son plaisir à s'amuser. Nous avons mangé un steak de bœuf aux champignons, qu'Aldrich, en raison de leur forme, saluait comme des pinces à chaussures, et pour couronner le festin, nous avons eu une omelette souse, que le garçon a apporté plate comme une crêpe, au milieu de nos cris de félicitations au pauvre Keeler. qui les a pris avec une soumission reconnaissante. C'était en tous points ce qu'un déjeuner littéraire de Boston n'aurait pas dû être dans l'idéal populaire que Harte attribuait à Clemens.

Notre prochain rendez-vous eut lieu à Hartford, ou plutôt à Springfield, où Clemens nous accueillit en route pour Hartford. Aldrich allait être son invité, et j'allais être celui de Charles Dudley Warner, mais Clemens était venu à mi-chemin pour nous accueillir tous les deux. Dans la bonne camaraderie de ce voisinage cordial, nous avons vécu deux jours comme le soleil vieillissant ne brille plus dans sa ronde. Il y avait des allées et venues constantes dans les maisons amicales où les hôtes et les invités animés s'appelaient par leurs prénoms ou surnoms, et aucune cérémonie aussi vaine que celle de frapper ou de sonner aux portes. Clemens construisait alors le majestueux manoir dans lequel il satisfaisait son amour de la magnificence comme s'il s'agissait d'un autre manteau en peau de phoque, et il était au sommet de la prospérité qui lui permettait de satisfaire tous les caprices et toutes les extravagances. La maison a été conçue par cet artiste des plus originaux, Edward Potter, qui, un jour, pressé par une curiosité incompétente pour le nom de son style dans une certaine église, proposa de l'appeler l'ordre architectural violet anglais ; et cette maison convenait si parfaitement à l'humeur de son propriétaire que je suppose qu'il n'y a jamais eu d'autre maison pareille ; mais son caractère doit être reconnu plus loin dans ces réminiscences. L' impression la plus frappante que Clemens nous a donnée à deux jeunes auteurs voraces de Boston était celle de la nature satisfaisante et excessive de la publication par abonnement. Une armée d'agents envahissait le pays avec les prospectus de ses livres et les livrait par dizaines de milliers en vente. À propos des « Innocents Abroad », il a déclaré : « Cela se vend tout comme la Bible », et « Roughing It » a rapidement suivi, sans peut-être jamais vraiment le dépasser en termes de popularité. Mais il nous a sermonné, Aldrich et moi, sur la folie de ce mode de publication dans le métier dans lequel nous pensions que c'était le plus grand succès d'avoir une chance. « Tout sauf la publication par abonnement est une impression pour une diffusion privée », a-t-il soutenu, et il a ainsi gagné. sur notre cupidité et notre espoir que, sur le chemin du retour à Boston, nous ayons planifié la rédaction conjointe d'un volume adapté à la publication par abonnement. Nous avons reçu un très bon nom pour cela, comme nous le croyions, dans Memorable Murders, et nous n'avons jamais été plus loin dans ce domaine, mais au moment où nous sommes arrivés à Boston, nous roulions dans une richesse si profonde que nous pouvions à peine rentrer chez nous de manière économe en que nous pensions toujours qu'il valait mieux épargner le prix de la voiture ; un tarif de transport dont nous n'avions pas rêvé, même dans cette opulence.

III.

Les visites à Hartford qui avaient commencé avec cette affluence se poursuivirent sans véritable augmentation de richesse pour moi, mais maintenant j'y allais seul, et pendant les absences européennes et égyptiennes de Warner, je pris l'habitude d'aller chez Clemens. A cette époque, il était dans sa nouvelle maison, où il me donnait une chambre royale au rez-de-chaussée et venait le soir, après que je sois couché, désactiver l'alarme antivol afin que la famille ne soit pas réveillée si quelqu'un a essayé d'entrer par ma fenêtre. Ce serait après que nous nous serions assis tard, qu'il fumait le dernier de ses innombrables cigares et calmait ses nerfs tendus avec un scotch légèrement chaud, pendant que nous parlions tous les deux, parlions et parlions, de tout ce qui se trouve dans les cieux et sur la terre, et les eaux sous la terre. Après deux jours de cette causerie, je repartais creux, me réalisant mieux à l'image d'une de ces coquilles de criquets qu'on trouve collées à l'écorce des arbres à la fin de l'été. Un jour, après une telle crise de réflexion, nous sommes descendus ensemble à New York et nous nous sommes assis l'un en face de l'autre dans le fumoir Pullman sans prononcer une syllabe jusqu'à ce que nous ayons eu l'occasion de dire : « Eh bien, nous y sommes. Puis, avec notre installation dans un hôtel aujourd'hui disparu (le vieux Brunswick, pour être précis), la conversation a repris avec l'inspiration de l'environnement inédit, et s'est poursuivie indéfiniment. Nous voulions dormir, mais nous ne pouvions pas nous arrêter, et il se promenait dans les chambres dans la longue chemise de nuit qu'il portait toujours de préférence au pyjama qu'il méprisait, et racontait l'histoire de sa vie, l'inépuisable, la fée, la L'histoire des Mille et Une Nuits, dont je ne me lasserais jamais, même lorsqu'on recommençait à la raconter. Ou parfois il raisonnait haut—

"De la Providence, de la prescience, de la volonté et du destin,
    Destin fixe , libre arbitre, prescience absolue,"

marchant de long en large, et s'arrêtant de temps en temps, avec un joli mouvement et une inclinaison de sa tête hirsute, lorsqu'une pensée audacieuse ou une plaisanterie splendide le frappait.

Il était à cette époque un fidèle fidèle à l'église de son grand ami, le révérend Joseph H. Twichell , et au moins tacitement loin de la négation totale à laquelle il était finalement parvenu. Je devrais dire qu'il avait à peine encore examiné les raisons de son acceptation passive de la croyance de sa femme, car c'était la sienne et non la sienne, et il la tenait intacte dans la belle et tendre loyauté envers elle qui était la qualité la plus émouvante de ses plus fidèles. âme. J'ose parler de l'amour qui les unit, car sans cela je ne pourrais pas le faire connaître aux autres comme il m'a été connu. C'était une plus grande partie de lui que l'amour de la plupart des hommes pour leurs femmes, et elle méritait tout le culte qu'il pouvait lui rendre, tout le dévouement, toute l'obéissance implicite, par sa force surpassée et la beauté de son caractère. Elle était en quelque sorte la personne la plus belle que j'aie jamais vue, la plus douce, la plus gentille, sans la moindre faiblesse ; elle unissait un tact merveilleux à une vérité merveilleuse ; et Clemens non seulement acceptait implicitement son règne, mais il s'en réjouissait, il s'en glorifiait. Je ne suis pas sûr qu'il ait remarqué toute sa bonté dans les actions qui en faisaient une vision céleste pour les autres, il avait donc l'habitude de sa bonté ; mais s'il y avait une créature désespérée et sans défense dans la pièce, Mme Clemens était d'une manière ou d'une autre prompte à son côté ou au sien ; elle cherchait toujours des occasions de gentillesse envers ceux de sa maison ou hors de sa maison ; elle aimait laisser son cœur hors de portée de sa main et imaginait le monde entier, dur et souffrant, avec compassion pour ses torts structurels et accessoires. Je suppose qu'elle avait ses limites en tant que femme , ses peurs féminines de l'étiquette et des conventions, mais elle ne les laissait pas entraver la générosité sauvage et splendide avec laquelle Clemens se rebellait contre les stupidités et les cruautés sociales. Elle était invalide depuis toujours lorsqu'il la rencontrait, et il aimait raconter la belle histoire de leurs fréquentations à chaque nouvel ami qu'il trouvait capable d'en ressentir la beauté ou digne de l'entendre. Naturellement, son père avait hésité à la confier à la garde du jeune étrange Occidental, surgi de l'inconnu avec sa réputation géante d'humoriste burlesque, et exigeait des garanties, exigeait des preuves. "Il m'a demandé", disait Clemens, "si je ne pouvais pas lui donner les noms de personnes qui me connaissaient en Californie, et quand il était temps d'avoir de leurs nouvelles, j'ai eu de ses nouvelles . ' Eh bien, M. Clemens,' il a dit, "personne ne semble avoir un très bon mot pour vous." "

si cela l'a rendu plus fidèle à la confiance qu'on lui avait accordée, mais probablement pas ; il était toujours en lui d'être fidèle à toute confiance, et à mesure que sa propre confiance était trahie, il éprouvait un ressentiment impitoyable et implacable. Mais je voudrais maintenant parler du bonheur de cette maison de Hartford qui répondait si parfaitement aux idéaux de la mère lorsque les trois filles, si charmantes et si douées, étaient encore de petites enfants. Il y avait eu un garçon, et « Oui, je l'ai tué », a dit un jour Clemens, avec l'auto-accusation implacable dans laquelle il éprouvait un regret inutile. Il voulait dire qu'il avait sorti l'enfant par imprudence, et que l'enfant avait contracté le rhume dont il était mort, mais il n'était pas certain que ce soit à cause de l'imprudence de son père. Je ne l'ai jamais entendu parler de son fils, sauf une fois, mais sans aucun doute, au plus profond de son cœur, sa perte était irrémédiablement présente. C'était un père très tendre et enchanté par l'esprit de ses enfants, mais il était assez sage pour confier leur éducation à la sagesse de leur mère. Il les laissait là en tout, se gardant le plaisir de leur apprendre de petites scènes de théâtre, d'apprendre avec eux les langues et de les conduire au chant. Ils venaient à table avec leurs parents et auraient pu lui donner l'exemple en matière de comportement lorsque, dans les moments d'intense excitation, il quittait sa place et se promenait dans la pièce en faisant voler sa serviette et en parlant et en parlant.

C'est après son premier séjour en Angleterre que je lui rendais visite, et il était alors plein d'éloges sur tout ce qui était anglais : l'indépendance personnelle et l'esprit public anglais, l'hospitalité et la vérité. Il aimait raconter des histoires pour prouver leurs vertus, mais il n'était pas aveugle aux défauts de leurs vertus : leur acceptation soumise de la caste, leur insensibilité envers les étrangers ; leur franchise les uns envers les autres. Mme Clemens avait été d'une manière à souffrir socialement plus que lui, et elle faisait moins l'éloge des Anglais. Elle s'était assise après le dîner avec des dames qui se snobaient et s'ignoraient les unes les autres, et la laissait se divertir seule en l'absence de l'attention avec laquelle les Américains peuvent peut-être écoeurer leurs invités, mais qu'elle ne pouvait s'empêcher de préférer. Au cours de leurs séjours successifs parmi eux, je crois qu'il en est venu à aimer moins les Anglais et elle davantage ; le grand plaisir de sa première acceptation parmi eux ne se renouvela que lorsque son diplôme d'Oxford lui fut décerné ; puis cela fit déborder sa coupe, et il fut heureux que le monde entier le voie.

Sa femme ne voulait pas refroidir l'ardeur de son anglomanie précoce , et en cela, comme en tout, elle souhaitait lui plaire au maximum. Personne n'aurait pu réaliser plus qu'elle sa finesse essentielle, sa noblesse innée. Les mariages sont ce que seuls les parties connaissent vraiment, mais de l'extérieur, je dois dire que ce mariage était l'un des plus parfaits. Cela dura dans sa dévotion absolue au jour de sa mort, qui se prolongea longtemps dans des souffrances cruelles et qui laissa un côté de lui dans une nuit durable. De Florence me parvinrent des lettres déchirantes de sa part sur les tortures qu'elle subissait, et enfin une lettre disant qu'elle était morte, avec ce cri simple : « J'aimerais être avec Tite-Live. Je ne sais pas pourquoi je suis parti en disant jusqu'à présent que c'était une très belle femme, aux traits classiquement réguliers, avec des cheveux noirs lisses sur le front, et avec des regards tendres, des yeux myopes, toujours derrière des lunettes, et un sourire d'une bonté angélique. . Mais cette gentillesse s'accompagnait d'un sens de l'humour qui la qualifiait pour apprécier le génie autoritaire d'un homme dont on se souviendra auprès des grands humoristes de tous les temps, de Cervantes, de Swift ou de tous autres dignes de sa compagnie ; aucun d'eux n'était son égal en humanité.

IV.

Clemens s'était doté, avec la connivence de l'architecte, d'un luxueux bureau au-dessus de la bibliothèque de sa nouvelle maison, mais à mesure que ses enfants grandissaient, ce bureau, avec ses fauteuils sculptés et rembourrés, leur fut cédé pour une salle de classe. et il prit la chambre au-dessus de son écurie, qui était destinée à son cocher. Là, nous avions l'habitude de causer ensemble, quand nous ne marchions pas et ne causions pas ensemble, jusqu'à ce qu'il découvre qu'il pouvait faire un usage plus commode de la salle de billard située au sommet de sa maison, à des fins littéraires et amicales. Il faisait assez froid là-haut au début du printemps et à la fin de l'automne, temps auquel j'associe principalement cet endroit, mais en allumant tous les brûleurs à gaz et en allumant un feu à contrecœur dans le foyer, nous avons pu le maintenir bien au-dessus du point de congélation. Clemens pouvait aussi pousser les boules et, sans rivalité de ma part, qui ne savais pas plus jouer au billard que fumer, gagner des parties de billard sans fin, tandis qu'il portait des arguments contre des opinions divergentes imaginables . C'est ici qu'il a écrit nombre de ses contes et de ses croquis, et je connais bien certains de ses livres. Je me souviens particulièrement qu'il m'a lu ici sa première esquisse de la Visite au Ciel du capitaine Stormfield , avec le vrai nom du capitaine, que je connaissais déjà grâce à ses nombreuses histoires à son sujet.

Nous avions un plaisir particulier à regarder depuis les hautes fenêtres le joli paysage de Hartford et, depuis celles-ci, la cime des arbres qui tapissaient le flanc de la colline près de laquelle se trouvait sa maison. Nous avons convenu qu'il y avait un charme nouveau dans les arbres vus d'un tel point de vue, surpassant de loin celui du paysage plus éloigné. Ce n'était pas pour rien qu'il était un garçon de la campagne ; il avait plutôt été un garçon de la campagne, ou, mieux encore, un garçon du village, pour tout ce que la nature peut offrir aux jeunes de notre espèce, et aucun aspect d'elle ne lui échappait. Nous étions originaires de la même vaste vallée du Mississippi ; et le Missouri n'était pas si éloigné de l'Ohio que nous étions semblables dans nos premières connaissances des bois et des champs comme nous l'étions dans notre premier langage. J'avais dépassé l'utilisation des miennes à cause de mon plus grand sens livresque, mais je reconnaissais volontiers les phrases qu'il employait pour leur jutosité durable et la saveur longtemps rappelée qu'elles avaient dans son palais mental.

J'ai assez parlé ailleurs de son emploi simple des mots, de la diction qui constitue l'épine dorsale de son style viril. Si je mentionne mon propre côté plus livresque, c'est-à-dire ses lectures moins quantitatives, c'est pour me donner une meilleure occasion de constater qu'il lisait toujours un livre vital. C'était peut-être un livre hors du commun, mais il contenait la racine de la matière humaine : un volume de grandes épreuves ; une des autobiographies suprêmes ; un passage marquant de l'histoire, un récit de voyage, une histoire de captivité, qui lui a donné la vie de première main. Si je me souviens bien, il n'aimait pas beaucoup la fiction, et dans ce genre il avait certaines aversions distinctes ; il y avait certains auteurs dont il semblait moins prononcer les noms qu'il les crachait de sa bouche. Goldsmith était l'un d'entre eux, mais sa principale horreur était ma chère et honorée favorite, Jane Austen . Il m'a dit un jour, je suppose après avoir lu certains de mes éloges incessants à son égard, je la loue toujours : « Vous semblez penser que cette femme savait écrire », et il a renoncé à me flétrir avec son mépris, apparemment parce que nous J'étais ami depuis si longtemps, et il me plaignait plus que me détestait pour mon mauvais goût. Il ne semblait pas avoir de préférence parmi les romanciers ; ou du moins je ne l'ai jamais entendu en exprimer. Il lisait les romans modernes que je louais, imprimés ou épuisés ; mais je ne pense pas qu'il aimait beaucoup lire de la fiction. Quant aux pièces de théâtre, il détestait le théâtre et disait qu'il ferait aussi bien une œuvre que de suivre une intrigue sur scène. Il ne pouvait pas, ou n'a pas donné, donner de raisons pour ses aversions littéraires , et peut-être n'en avait-il vraiment aucune. Mais il aurait pu dire très distinctement, s'il en avait eu besoin, pourquoi il aimait les livres qu'il lisait. J'étais absent au moment de sa grande passion pour Browning, et je le sais principalement par ouï-dire ; mais à l'époque, Tolstoï faisait ce qui pouvait être fait pour me remettre. Clemens écrivait : « Cet homme semble avoir été pour vous ce que Browning était pour moi. Je ne sais pas s'il avait d'autres poètes favoris, mais il avait des poèmes préférés qu'il aimait vous lire, et il les lisait, bien sûr, magnifiquement. J'ai oublié quel morceau de John Hay il aimait tant, mais je me suis rappelé à quel point il se délectait farouchement du caractère vengeur de « Sir Guy of the Dolorous Blast » de William Morris, et comment il était particulièrement exalté dans les lignes qui racontent le la joie supposée de l'orateur en tuant le meurtrier de son frère :

"J'ai soixante-dix ans,
    Et mes cheveux sont presque devenus gris,
mais je suis heureux de penser au moment où je lui ai ôté la vie.

En général, j'imagine que son plaisir pour la poésie n'était pas grand, et je ne crois pas qu'il se souciait beaucoup des chefs-d'œuvre conventionnellement acceptés de la littérature. Il aimait découvrir par lui-même de bonnes et de grandes choses ; parfois il les découvrait dans un chef-d'œuvre nouveau pour lui seul, et alors, si vous lui faisiez comprendre son ignorance, il l'appréciait, et l'appréciait d'autant plus qu'on l'y frottait.

De tous les hommes de lettres que j'ai connus, il était le plus illettré par sa nature et ses manières. Je ne sais s'il connaissait quelque peu le latin, mais je ne le crois pas du tout ; Il connaissait assez bien l'allemand, et l'italien assez tard pour s'amuser avec ; mais il utilisait l'anglais dans toutes ses dérivations étrangères comme s'il était originaire de son propre air, comme s'il était venu du sol américain, du Missouri. Son style était ce que nous connaissons, pour le meilleur et pour le pire, mais sa manière, si je peux faire la différence entre les deux, était aussi entièrement la sienne que si personne n'avait jamais écrit auparavant. J'ai déjà noté qu'il n'était pas esclave de la continuité de l'écriture à laquelle nous essayons tous de rester enchaînés. Autrement dit, il a écrit comme il pensait, et comme tous les hommes le pensent, sans séquence, sans se soucier de ce qui s'est passé avant ou de ce qui devrait venir après. Si quelque chose au-delà ou à côté de ce qu'il disait lui venait à l'esprit, il l'invitait dans sa page et s'y plaisait autant que la nature de la chose le lui permettait. Puis, lorsqu'il avait fini d'accueillir cet invité occasionnel et inattendu, il retournait à la société qu'il recevait et poursuivait ce dont il avait parlé. Il a observé cette manière dans la construction de ses phrases, dans la disposition de ses chapitres et dans l'ordre ou le désordre de ses compilations. était inconscient, pensait DW] - Je l'ai aidé avec une bibliothèque d'humour, qu'il avait autrefois éditée, et lorsque j'ai fait mon travail selon la tradition, avec des auteurs, des époques et des sujets soigneusement étudiés dans l'ordre prévu, il a tout déchiré, et il « jetait » les morceaux partout où son envie le menait à ce moment-là. Il avait raison : nous ne faisions pas un manuel, mais un livre pour le plaisir plutôt que pour l'instruction du lecteur, et il ne voyait pas pourquoi le principe sur lequel il construisait ses voyages, ses souvenirs, ses contes et ses romans ne s'appliquerait pas. à cela ; et je ne le vois pas non plus maintenant, même si à l'époque cela m'avait confondu. Sur des points mineurs, il était, plus qu'aucun auteur que j'ai connu, sans phrases préférées ni mots favoris. Il méprisait totalement l'évitement des répétitions par peur de la tautologie. Si un mot lui servait mieux qu'un substitut, il l'utiliserait autant de fois dans une page qu'il le voudrait.

V.

A cette époque, j'étais devenu rédacteur en chef de The Atlantic Monthly et j'avais des allégeances appartenant à la direction de ce qui était et reste encore le plus scrupuleusement cultivé de nos périodiques. Lorsque Clemens commença à écrire pour le journal, il se soumettit volontiers à ses règles, car, malgré toute son obstination, il n'y a jamais eu d'homme plus accessible dans les choses pour lesquelles on pouvait lui donner une raison. Il n'a jamais fait le moindre mal de ces ennuis qui abonde tant pour le malheureux rédacteur en chef de la part de contributeurs à l'esprit plus étroit. Si vous vouliez qu'une chose soit changée, très bien , il la changeait ; si vous suggériez qu'il valait mieux supprimer un mot, une phrase ou un paragraphe, très bien, il l'a supprimé. Ses épreuves représentaient chacune une véritable « bouillie de concession », comme le dit Emerson. De temps en temps, il essayait un langage un peu plus fort que « The Atlantic » n'avait envie, et une fois, lorsque je lui envoyai une épreuve, je lui fis observer que j'avais omis les grossièretés. Il a répondu: "Mme Clemens a ouvert cette épreuve et est entrée dans la pièce avec un danger dans les yeux. Quel grossièreté? Vous voyez, quand je lui ai lu le manuscrit, j'ai sauté ça." Cela faisait partie de sa plaisanterie de prétendre une violence chez cette créature la plus douce qui réalisait la situation de la manière la plus amusante à ses amis.

J'ai toujours été très heureux de lui et fier de lui en tant que contributeur, mais je ne dois pas revendiquer tout le mérite, ni le premier mérite de le faire écrire pour nous. C'était l'éditeur, feu HO Houghton, qui sentait l'incongruité de son absence du principal périodique du pays et qui me pressait toujours de le faire écrire. Je peux m'attribuer le mérite d'être impatient de le voir, mais c'est le mérite de l'éditeur d'avoir essayé, dans la mesure où les modestes traditions de "The Atlantic" le permettaient, de répondre aux attentes en matière de rémunération que les profits colossaux des livres de Clemens pourraient lui apporter. se sont naturellement développés en lui. Clemens lui-même ne savait pas s'il en était vraiment capable, mais probablement vingt dollars la page ne suffisaient pas à l'auteur de livres qui « se vendaient tout comme la Bible ».

Nous avons d'abord eu plusieurs courtes contributions de Clemens, toutes de grande qualité, puis nous avons eu une série d'articles qui concernaient principalement la réalisation de son grand livre, « La vie sur le Mississippi ». Dans l'ensemble, j'ai l'impression que Clemens considérait ce livre comme son plus grand livre, et il était soutenu dans son opinion par celle du « portier » de son hôtel à Vienne et par celle de l'empereur allemand qui, comme il me l'a dit avec la même le respect de la préférence de chacun, unis pour la considérer comme la meilleure ; avec des pôles sociaux si éloignés se rapprochant en sa faveur, il se retrouva apparemment sans opposition. Quoi qu'il en soit, les journaux furent immédiatement appréciés par son rédacteur en chef et son éditeur, ainsi que par les lecteurs de leur périodique, dont ils espéraient qu'il prospérerait au-delà de tout précédent dans sa diffusion. Mais c'était une époque où les droits populaires des journaux étaient plus simplement acceptés qu'aujourd'hui, où les magazines protègent strictement leurs intérêts particuliers contre eux. « Le New York Times » et le « St. Louis Démocrate profitait des premiers exemplaires du magazine qui leur envoyaient pour réimprimer les journaux mois par mois. Ensemble, ils couvraient presque tout le territoire de lecture de l'Union, et les modalités de leur publication quotidienne leur permettaient d'anticiper le magazine dans son domaine restreint. Sa liste d'abonnements n'a pas été élargie du tout, et The Atlantic Monthly est resté dans les kiosques à journaux, toujours aussi indésirable.

VI.

C'est lors de mes dernières visites à Hartford que nous avons commencé à évoquer l'idée de collaborer à une pièce de théâtre, mais nous ne sommes pas parvenus à une intention claire, et c'est un télégramme tombé du ciel clair qui m'a un jour convoqué de Boston pour aider. avec une suite du colonel Sellers. J'avais été témoin de la grande joie de Clemens lors du triomphe prodigieux du premier colonel Sellers, dramatisé à partir du roman « L'Âge d'or ». C'était l'œuvre conjointe de Clemens et de Charles Dudley Warner, et l'histoire avait été mise en scène par quelqu'un de l'Utah, que Clemens avait d'abord traduit en justice pour violation de son droit d'auteur, puis indemnisé pour des droits tels que son adaptation du livre que lui avait donnée. La structure de la pièce telle que John T. Raymond l'a donnée était en grande partie l'œuvre de ce dramaturge inconnu. Clemens n'a jamais prétendu, du moins à mes yeux, qu'il y ait la moindre part ; il avouait franchement qu'il était incapable de dramatiser ; Pourtant, le rôle essentiel lui appartenait, car les personnages de la pièce étaient les siens tels que le livre les incarnait, et le succès qu'elle remporta auprès du public lui appartenait à juste titre. Il partageait cette somme à parts égales avec l'acteur, suivant la compagnie avec un agent qui comptait la part de l'auteur dans l'argent du portail et lui envoyait chaque jour une note du montant par carte postale. Les lettres arrivaient à l'heure du dîner, et Clemens nous les lisait à haute voix avec un triomphe sauvage.

Cent cinquante dollars, deux cents dollars, trois cents dollars étaient les chiffres gais qu'ils portaient et qu'il exhibait en l'air avant de s'asseoir à table, ou de se lever pour brandir, puis, jetant sa serviette dans son chaise, marchait de long en large pour exulter.

Peu à peu, la popularité de la pièce déclina, et le moment vint où il se laissa tomber de toute cette affaire, retira son agent et en tira le profit que l'acteur lui partageait. Il était susceptible d'avoir ces interruptions soudaines, faisant suite à l'intensité de son intérêt antérieur ; même s'il semblait toujours avoir l'idée de faire quelque chose de plus avec le colonel Sellers. Mais quand je suis arrivé à Hartford en réponse à sa convocation, je l'ai trouvé sans idée précise de ce qu'il voulait faire de lui. J'ai expliqué que nous devions avoir une sorte de plan, et il a convenu que nous devrions tous les deux rédiger un scénario pendant la nuit et comparer nos projets respectifs le lendemain matin. En tant qu'auteur d'un grand nombre de petites pièces de théâtre qui ont été jouées en privé à travers les États-Unis et dans certaines parties du Royaume-Uni, sans jamais monter sur la scène publique, sauf pour les nobles fins de la charité, et ensuite en sortir promptement, je se sentais autorisé à lui faire remarquer que son projet n'était rien de plus que le chaos pouvait l'être. Il était d'accord avec moi de manière hilarante et était prêt à laisser cela comme une preuve de son entière incapacité dramatique. En même temps, il appréciait beaucoup mon intrigue, qui faisait de Sellers, selon l'intention de Clemens, un homme fou de ses propres inventions et de sa superstition selon laquelle il était l'héritier légitime d'un comté anglais. La nature exubérante de Sellers et la vaste étendue de son imagination ont servi notre objectif à d'autres égards . Clemens en a fait un spiritualiste, dont la spécialité en occultisme était la matérialisation ; il est devenu par impulsion un ardent réformateur de la tempérance, et il a dirigé un cortège de dames de tempérance après avoir testé de manière désintéressée les effets délétères de l'alcool sur lui-même jusqu'à ce qu'il ne puisse plus marcher droit ; il portait toujours un merveilleux extincteur attaché sur son dos, pour prouver en cas d'urgence l'efficacité de son invention de cette manière.

Nous avons passé quinze jours joyeux à régler les détails de ces choses. Il n'était pas possible pour Clemens d'écrire comme n'importe qui d'autre, mais je pouvais très facilement écrire comme Clemens, et nous avons parcouru la scène et la scène, en étant sûrs de sortir d'un accord capricieux. Les personnages restaient pour la plupart les siens, et je ne les variais que pour les rendre plus semblables aux siens qu'il ne le pouvait, si possible. Plusieurs années après, lorsque je parcourais une copie de la pièce, je ne pouvais pas toujours distinguer mon œuvre du sien ; Je savais seulement que j'avais fait certaines scènes. Nous travaillions toute la journée à nos différentes tâches, puis le soir, avant le dîner, nous les lisions mutuellement. Aucun dramaturge n'a jamais ressenti une plus grande joie de ses créations, et quand je pense que le public n'a jamais eu la chance de partager notre joie, je le plains de tout cœur. Je crois toujours que la pièce était extrêmement drôle ; Je crois toujours que s'il avait pu passer derrière les feux de la rampe, il aurait continué à remplir la maison devant eux pendant une succession indéfinie de nuits. Mais c'est peut-être mon penchant.

En tout cas, cela ne devait pas être le cas. Raymond s'était identifié à Sellers dans l'imagination ludique, et que ce soit consciemment ou inconsciemment, nous travaillions constamment avec Raymond dans nos esprits. Mais auparavant, d'amers mécontentements s'étaient élevés entre Clemens et Raymond, et Clemens était déterminé à ce que Raymond n'ait jamais la pièce. Il l'offrit d'abord à plusieurs autres acteurs, qui l'attrapèrent avec empressement, pour ensuite le rendre avec un renoncement désespéré : « C'est une pièce de Raymond ». Nous avons essayé avec les managers, mais leur seule question était de savoir s'ils parviendraient à convaincre Raymond de le faire. Entre- temps, Raymond s'était procuré une pièce pour l'hiver, une très bonne pièce de Demarest Lloyd ; et il n'était pas pressé pour le nôtre. Peut-être qu'il ne s'en souciait pas vraiment, peut-être qu'il savait, lorsqu'il en entendait parler, que cela finirait par lui venir. En fin de compte, ce fut le cas, de ma main, car Clemens ne voulut pas le rencontrer. Je le trouvai d'humeur douce et raisonnable, peut-être encore plus adoucie par l'un de ces déjeuners que notre éditeur, l'hospitalier James R. Osgood, réunissait toujours les gens à Boston. Il a dit qu'il ne pourrait pas jouer la pièce cet hiver-là, mais il était sûr qu'elle lui plairait, et il n'avait aucun doute qu'il la jouerait l'hiver prochain. Je lui ai donc donné le manuscrit, malgré les accusations de Clemens, car ses soupçons et ses rancunes étaient telles qu'il n'aurait pas voulu que je le laisse un instant entre les mains de l'acteur. Mais cela semblait être une conclusion qui impliquait pour nous le succès et la fortune. En son temps, mais je ne sais plus combien de temps après, Raymond se déclara ravi de la pièce ; il conclut un accord satisfaisant pour cette pièce et, au début de la saison suivante, il partit avec cette pièce pour Buffalo, où il devait donner une première production. A Rochester, il s'arrêta assez longtemps pour le rendre, en expliquant qu'un ami lui avait fait remarquer que le colonel Sellers dans la pièce était un fou et que la folie était une chose si grave qu'elle ne pouvait être représentée sur scène sans indigner. les sensibilités du public ; ou des mots à cet effet. Nous étions trop loin pour prétendre le contraire à Hamlet ou au roi Lear, ou pour citer le plaisir que des générations de lecteurs à travers le monde avaient pris aux folies de Don Quichotte. Quelles que fussent les véritables raisons de Raymond pour rejeter la pièce, il fallut se contenter de celles qu'il donna et s'employer à la remettre entre d'autres mains. Dans cet effort, nous avons échoué de manière encore plus flagrante qu'auparavant, si cela était possible. Enfin, un élocuteur intelligent et charmant, qui souhaitait depuis longtemps monter sur scène, en entendit parler et demanda à le voir. Nous l'aurions déjà montré à n'importe qui, et nous le lui avons montré très volontiers. Il est venu à Hartford et en a fait quelques scènes pour nous. Je dois dire qu'il les a très bien fait, tout aussi bien que Raymond aurait pu le faire, avec la manière dont il les a fait. Mais maintenant, vers la fin du printemps, la question était de savoir où il pourrait obtenir un engagement pour la pièce, et nous avons fini par louer un théâtre à New York pour une semaine de représentations d'essai.

Clemens m'a accompagné à Boston, où nous allions apporter quelques modifications à la pièce, et où nous les avons faites à notre satisfaction, mais pas avec l'effet de ce grand ravissement que nous avions dans la première ébauche. Il est retourné à Hartford, puis la crise de froid m'a frappé, et « dans des visions de la nuit, pendant mon sommeil sur le lit », d'horribles formes d'échec m'ont consterné, et quand je me suis levé le matin, je lui ai écrit : « Ici est une pièce que tous les directeurs ont mise en extérieur et que tous les acteurs que nous connaissons ont refusée, et maintenant nous allons la donner à un élocuteur . Nous sommes des imbéciles. Que Clemens soit d'accord ou non avec moi dans ma conclusion, il était d'accord avec moi dans mes locaux, et nous avons immédiatement acheté notre pièce hors scène au prix de sept cents dollars, que nous avons partagés entre nous. Mais Clemens n'a jamais été homme à abandonner. J'ai renoncé à mes droits gratuits et au titre que j'avais dans la pièce, et il a payé la totalité des dépenses pour une semaine d'aventures d'un soir à la campagne. Il n'est jamais arrivé à New York ; et pourtant je pense maintenant que si cela était arrivé, cela aurait réussi. La foi du dramaturge raté dans son œuvre meurt si durement.

VII.

Il y a un incident de cette époque si caractéristique des deux hommes que je
cèderai à la tentation de le raconter ici. Après que je sois allé à Hartford en
réponse au télégramme de Clemens, Matthew Arnold arriva à Boston, et un
membre de ma famille rendit visite à la sienne pour expliquer pourquoi je
n'étais pas chez moi pour recevoir sa présentation : j'étais allé voir Mark
Twain. "Oh, mais il n'aime pas ce genre de choses, n'est-ce pas ?" "Il aime
beaucoup M. Clemens", a répondu mon représentant, "et il le considère
comme l'un des plus grands hommes qu'il ait jamais connu." J'étais encore
l'invité de Clemens à Hartford quand Arnold est venu donner une
conférence, et un soir nous sommes allés le rencontrer lors d'une réception.
Tandis que sa main tenait la mienne en guise de salutation, je vis ses yeux
fixés intensément de l'autre côté de la pièce. "Qui-qui est-ce donc ?" J'ai
regardé et j'ai dit : " Oh, c'est Mark Twain. " Je ne me souviens pas exactement
comment leur rencontre instantanée a été provoquée par le souhait d'Arnold,
mais j'ai l'impression qu'ils ne se sont pas séparés longtemps au cours de la
soirée, et la nuit suivante, Arnold, comme s'il était toujours sous le charme
de cette puissante présence, était à La maison de Clément. Je ne peux pas dire
comment ils s'entendaient, ni ce qu'ils faisaient l'un de l'autre ; si Clemens a
jamais parlé d'Arnold, je ne me souviens pas de ce qu'il a dit, mais Arnold
avait montré un sens de lui d'où le reniflement incrédule du monde poli,
maintenant si universellement explosé, avait déjà péri. Il aurait très bien pu le
faire avec sa première vision dramatique de cette tête prodigieuse. Clemens
avait alors cinquante ans, et il avait gardé, comme jusqu'au bout, la silhouette
élancée de sa jeunesse, mais les cendres des années brûlées commençaient à
grisonner les feux de cette splendide touffe de cheveux roux qu'il avait. se
tenait à la hauteur d'une stature apparemment plus grande qu'elle ne l'était, et
s'inclinait d'un côté à l'autre dans sa démarche ondulante. Il vous regardait à
travers les fentes étroites de ses beaux yeux bleu-verdâtre, sous des sourcils
ramifiés qui, avec l'âge, devenaient de plus en plus semblables à une sorte de
plumage, et il avait tendance à vous sourire en face avec une perception
subtile mais aimable, et pourtant avec une sorte d'absence lointaine ; vous
étiez tous là pour lui, mais il n'était pas tout là pour vous.

VIII.

Je n'essaierai pas de donner un ordre chronologique à mes souvenirs de lui, mais comme je suis en ce moment avec lui à Hartford, je parlerai de lui en association avec ce lieu. Un jour, alors que je revenais de Cambridge, il m'a suivi dans ma chambre pour vérifier que l'eau de mon bain n'était pas gelée, ou quelque chose du genre, car il faisait très froid, et il s'est ensuite attardé avec hospitalité. Pour ne pas perdre de temps en banalités, je suis parti aussitôt du fil de ma pensée. « Je me demande pourquoi nous détestons autant le passé », et il a répondu du plus profond de sa propre conscience : « C'est tellement humiliant », ce que n'importe quel homme dirait de son passé s'il était honnête ; mais les hommes honnêtes sont peu nombreux quand il s'agit d'eux-mêmes. Clemens était l'un des rares, et le premier d'entre eux parmi toutes les personnes que j'ai connues. J'ai connu, je suppose, des hommes aussi véridiques, mais pas si promptement, si absolument, si positivement, si agressivement véridiques. Il pouvait mentir, bien sûr, et il le faisait pour sauver les autres du chagrin ou du mal ; il n'était pas bêtement véridique ; mais son premier mouvement fut de dire la chose et tout ce qu'il y avait en lui. Pour ceux qui peuvent comprendre, cela ne contredit pas son sentiment d'humiliation du passé, le fait qu'il n'avait pas honte de tout ce qu'il avait fait au point de vouloir le cacher. Il pouvait l'être, et il l'était, amèrement désolé pour ses erreurs, dont il en avait assez dans sa vie, mais il n'avait pas honte de cette manière mesquine. Ce qu'il avait fait, il le reconnaissait, qu'il soit bon, mauvais ou indifférent, et si c'était mauvais, il était plutôt amusé que troublé quant à l'effet sur votre esprit. Il ne vous imposerait pas ce fait, mais s'il s'agissait d'une histoire personnelle, il ne songerait pas à le cacher, et encore moins à le cacher.

Il était l'homme le plus disposé à commettre une erreur s'il s'y trouvait. Au cours d'une de nos promenades à Hartford, alors qu'il était dans les premiers signes de son agnosticisme, il déclara que le christianisme n'avait rien fait pour améliorer les mœurs et les conditions de vie, et que le monde sous la plus haute civilisation païenne se portait aussi bien que sous les plus hautes influences chrétiennes. Il se trouve que je venais tout juste de lire « Gesta Christi » de Charles Loring Brace ; ou « Histoire du progrès humain », et je pourrais lui offrir d'abondantes preuves qu'il avait tort. Cela ne lui plaisait évidemment pas, mais il céda aussitôt, disant qu'il ne savait pas ces choses. Plus tard, il se montra plus tolérant dans ses dénégations du christianisme, mais à ce moment-là il se sentait libéré de celui-ci et se réjouissait d'avoir brisé ce qu'il considérait comme les chaînes d'une croyance portée si longtemps. Il admirait grandement Robert Ingersoll, qu'il qualifiait d'orateur angélique et qu'il considérait comme un évangéliste d'un nouvel évangile : l'évangile de la libre pensée. Il s'intéressa le plus vivement à la controverse qui faisait alors rage dans les journaux quant à l'existence d'un enfer ; Quand les non l'emportèrent, je suppose qu'aucun ennemi de la perdition n'était plus content. Il aimait toujours son vieil ami et pasteur, M. Twichell , mais il n'allait plus l'entendre prêcher ses sages et ses beaux sermons, et était, je pense, de ce fait le plus grand perdant. Bien avant, je lui avais demandé s'il allait régulièrement à l'église, et il avait grogné : « Oh oui, j'y vais. Ça me tue presque, mais j'y vais », et je n'avais pas besoin qu'il me le dise pour comprendre qu'il y allait. parce que sa femme le souhaitait. Il m'a dit, après qu'ils eurent tous deux cessé de partir, qu'elle avait finalement eu l'idée de dire : « Eh bien, si tu dois te perdre, je veux me perdre avec toi. Il pouvait accepter cette volonté de sacrifice suprême et en exulter à cause de la vérité suprême telle qu'il la voyait. Après qu'ils eurent tous deux cessé d'être des chrétiens formels, elle était encore affligée par son refus de l'immortalité, si affligée qu'il se résolut à un de ces mensonges héroïques, que, par amour, il tenait au-dessus même de la vérité, et il s'approcha d'elle en lui disant : qu'il avait réfléchi à toute cette affaire et qu'il était désormais convaincu que l'âme vivait bel et bien après la mort. C'était trop tard. Sa vision perçante transperça sa ruse, comme lorsqu'il fit venir le médecin qui avait diagnostiqué son cas comme une maladie organique du cœur, et, après lui avoir fait revoir les faits avec elle, lui fit déclarer que c'était simplement fonctionnel.

Pour mettre fin à ces récits sur les croyances de Clemens, pour autant que je les connaisse, je dois dire qu'il n'est jamais revenu à quoi que ce soit qui ressemble à la foi dans la théologie chrétienne, ou dans la notion de vie après la mort, ou dans une divinité consciente. . Il est préférable d'être honnête à ce sujet ; il aurait détesté toute autre chose, et je ne crois pas que la vérité là-dedans puisse blesser qui que ce soit . À une certaine époque, il soutenait qu'il devait y avoir une cause, une source consciente des choses ; que l'univers ne pouvait pas être né par hasard. J'ai aussi entendu dire qu'au cours de ses dernières heures ou de ses derniers instants, il avait dit, ou du moins ses proches espéraient qu'il avait dit, quelque chose à propos de se revoir. Mais l'expression, dont ils ne pouvaient être sûrs, était des plus vagues, et elle s'adressait peut-être à leur tendresse par sa tendresse. Toutes ses expressions étaient celles d'un courage, d'un renoncement à tout espoir de revivre, ou d'ailleurs, de revoir ceux qu'il avait perdus. Il a terriblement souffert de leur perte, et il n'a pas été assez stupide pour essayer d'ignorer son chagrin. Il savait que pour cela il n'y avait que deux médicaments ; qu'il s'userait avec les années, et qu'en attendant il n'y aurait plus que ces répits où celui qui pleure s'oublie dans le sommeil. Je me souviens qu'au cours d'une heure noire où j'étais appelé pour le voir, alors qu'il pensait depuis son sommeil, il a dit avec une compassion infinie et exquise : « Oh, est-ce que je t'ai réveillé, est-ce que je t'ai réveillé, toi ? Rien de plus, mais le regard, la voix, c'était tout ; et tant que je vis, ils ne peuvent pas disparaître de mes sens.

IX.

C'était l'homme le plus caressant dans sa pitié, mais il avait le bel instinct, qui aurait plu à Lowell, de ne jamais poser ses mains sur vous, des mains fines et délicates, avec des doigts effilés et des ongles roses, comme ceux d'une fille, et frémissant avec sensibilité dans les moments d'émotion ; il ne vous les a pas donnés pour montrer son affection, comme beaucoup d'entre nous, Américains, sont susceptibles de le faire. Parmi la demi-douzaine, voire la demi-centaine de personnalités que chacun de nous devient, je dois dire que la personnalité centrale et finale de Clemens était quelque chose d'exquis. Ses connaissances occasionnelles le connaissaient peut-être par son intensité féroce, son plaisir fou à choquer les gens avec ses ridicules et ses grossièretés, ou par le simple besoin de perdre ainsi son esprit rebelle, comme tout sauf exquis, et pourtant c'était ce qui en dernière analyse, il l'était. Ils pouvaient repartir en le détestant ou en le haïssant, mais on ne pouvait pas bien le connaître sans se rendre compte qu'il était l'homme le plus sérieux, le plus humain, le plus consciencieux. Il était du sud-ouest et né au milieu de l'oppression d'une race qui n'avait aucun droit par rapport à la nôtre, mais je n'ai jamais vu un homme plus respectueux envers les nègres . Il avait un majordome jaune quand j'ai commencé à le connaître, parce qu'il disait qu'il ne supportait pas de donner des ordres à un homme blanc, mais les conditions dans lesquelles il ordonnait à George étaient celles de la supplication la plus douce qu'un commandement ait jamais connue. Il aimait compter sur George, qui était un roseau brisé dans certains domaines, mais si ferme dans d'autres, et le fervent républicain en politique que Clemens aimait alors qu'il soit. Il pouvait interpréter le sens de Clemens au public sans exprimer son humeur, et pouvait rendre sa réponse la plus grossière en douceur à la personne refusée en sa présence. Ses instructions générales étaient que cette présence devait être interdite à tous, sauf aux amis personnels, mais le cœur tendre de George était parfois touché par l'importunité, et un jour il entra dans la salle de billard en disant que M. Smith souhaitait voir Clemens. Après enquête, M. Smith n'a développé aucun lien d'amitié et Clemens a déclaré : « Allez dire à M. Smith que je ne viendrais pas voir les douze apôtres. George se détourna du seuil où il s'était tenu et rédigea une paraphrase de ce message qui apparemment renvoya M. Smith content de lui-même et de tout le reste du monde.

Clemens a gardé la part de lui qui était occidentale dans son origine sud-ouest jusqu'à la fin, mais il était le sudiste le plus désudernisé que j'aie jamais connu. Aucun homme n'a plus parfaitement ressenti ni plus entièrement abhorré l'esclavage, et personne n'a jamais jeté un tel mépris sur la pseudo -chevalerie de seconde main, walter- scottisée , de l'idéal sudiste. Il se tenait responsable du tort que la race blanche avait fait à la race noire en esclavage, et il expliqua, en payant le voyage d'un étudiant noir à Yale, qu'il le faisait dans le cadre de la réparation due à chaque Blanc à chaque homme noir. Il a dit qu'il n'avait jamais vu cet étudiant et qu'il n'avait jamais souhaité le voir ni connaître son nom ; il suffisait qu'il soit nègre . À peu près à cette époque, un cadet de couleur fut expulsé de West Point pour une conduite « indigne d'un officier et d'un gentleman », et une partie de la presse circulait la philosophie minable habituelle selon laquelle un nègre ne pourrait jamais se sentir réclamé de l'honneur. . L'homme avait quinze parts de blanc, mais, "Oh oui", dit Clemens avec une ironie amère, "c'est cette part de noir qui l'a défait." Cela faisait de lui un « nègre » et incapable d'être un gentleman. C'était la faute de tout cela. Les quinze parts blanches étaient innocentes.

Clemens était entièrement satisfait du résultat de la guerre civile et il désirait vivement que ses faits et ses significations soient immédiatement mis en lumière dans l'histoire. Il a ridiculisé l'idée, répandue par beaucoup, selon laquelle « il n'était pas encore temps » de philosopher les événements de la grande lutte ; que nous devions « attendre que ses passions se soient refroidies » et que « les nuages de conflits se soient dissipés ». Il soutenait que le moment ne viendrait jamais où nous pourrions voir plus clairement ses motivations, ses hommes et ses actes, et que maintenant, maintenant, c'était le moment de les vérifier avec une vérité durable. Il a décrit de manière pittoresque et dramatique l'imbécillité de reporter l'enquête à des années à venir, alors qu'inévitablement les faits commenceraient à ressembler à des fables.

Il avait des pouvoirs de sarcasme et une rancune implacable dans son mépris que ceux qui le connaissaient le plus appréciaient le plus. Le regretté Noah Brooks, qui avait vécu en Californie au début de la carrière de Clemens et avait été témoin de l'effet de son ridicule avant d'avoir appris à le tempérer, m'a dit un jour qu'il préférerait que quelqu'un d'autre au monde se moque de lui. lui que Mark Twain. Mais à mesure que Clemens grandissait, il devenait plus miséricordieux, non pas envers le mal, mais envers les hommes qui y étaient. Le mal était souvent la source de ses ridicules les plus folles . Il le considérait avec un tel désespoir de lui rendre jamais justice que son désespoir éclata de rire.

X.

Je retourne dans cette maison de Hartford, où j'ai si souvent été un hôte heureux, avec de la tendresse pour chacun de ses aspects attachants. Au-dessus de la cheminée de la bibliothèque, guérie de la fumée grâce à tant d'art et de science, Clemens avait écrit en cuivre éternel les mots d'Emerson : « L'ornement d'une maison, ce sont les amis qui la fréquentent », et il offrit à ses invités un accueil de la cordialité la plus simple et la plus douce. Mais je ne dois pas m'éloigner d'eux de mes souvenirs de lui, qui seront d'une suffisance bavarde, si je les donne aussi complètement que je le souhaite. Les fenêtres de la bibliothèque regardaient vers le nord, depuis le flanc de la colline au-dessus de laquelle s'élevait la maison et vers le petit vallon où coule le ruisseau, et elles montraient les feuilles des arbres qui les effleuraient presque comme dans un verre de Claude Lorraine. A l'est, la salle à manger s'ouvrait largement, et au sud il y avait une large salle, où les voix des amis se faisaient entendre lorsqu'ils entraient sans cérémonie et répondaient à ses salutations joyeuses. À l'ouest se trouvait une petite véranda semi-circulaire d'un modèle inventé par Mme Harriet Beecher Stowe et adopté dans la plupart des maisons de son aimable quartier. Les plantes étaient plantées dans le sol et les vignes en fleurs grimpaient sur les côtés et surplombaient le toit au-dessus du jet silencieux d'une fontaine accompagnée de callas et d'autres nénuphars amoureux de l'eau. Là, pendant que nous déjeunions, Patrick revenait de la grange et aspergeait le joli berceau, qui répandait son parfum réactif dans les accents délicats de ses fleurs variées. Le petit-déjeuner était le meilleur repas de Clemens, et il restait assis plus longtemps devant son steak et son café que devant les plats de son dîner ; Le déjeuner n'était rien pour lui, à moins, comme cela pouvait arriver, qu'il en fasse son dîner, et qu'il réservât le repas ultérieur comme l'occasion de se promener de long en large dans la pièce et de discuter en général de tout ce qui lui passait par la tête. Comme la plupart des bons orateurs, il aimait que les autres aient leur mot à dire ; il ne les a pas dénoncés; il s'arrêta instantanément à la remarque d'un autre et l'écouta volontiers ou poliment ; il faisait même semblant de trouver une suggestion ou une inspiration dans ce qui était dit. Ses enfants venaient à table, comme je l'ai dit, et après le dîner, il avait tendance à joindre son beau ténor à leurs aigus en chantant.

La moitié de nos réunions ont eu lieu chez moi à Cambridge, où il s'est senti aussi à l'aise qu'à Hartford. Il venait apparemment rester à Parker House, à Boston, et prenait une chambre où il allumait le gaz et le laissait brûler, après s'être habillé, pendant qu'il se rendait à Cambridge et restait deux ou trois jours avec nous. Un jour, je suppose que c'était après une conférence, il est venu en tenue de soirée et a passé vingt-quatre heures avec nous sous cette tenue, portant un pardessus pour le cacher lorsque nous allions nous promener. Parfois, il portait des pantoufles qu'il préférait aux chaussures à la maison, et si c'était boueux, comme c'était l'habitude de le faire à Cambridge, il mettait une paire de caoutchoucs par-dessus pour nos promenades. Il aimait l'anarchie et notre plaisir à la permettre, et il se réjouissait de l'aveu de son hôtesse, après que nous nous étions une fois presque épuisés de plaisir par les discussions intenses, les histoires et les rires, que son arrivée avait failli tuer. elle, mais ça valait le coup.

À cette époque, il souffrait d'insomnie, ou plutôt de somnolence réticente, et il disposait de divers moyens spécifiques pour y parvenir. Au début, c'était du champagne juste avant de se coucher, et nous l'avions fourni, mais plus tard, il est arrivé de Boston avec quatre bouteilles de bière blonde sous les bras ; la bière blonde, disait-il maintenant, était la seule chose qui vous endormissait, et nous l'avons fournie. Plus tard encore, lors d'une visite que je lui rendis à Hartford, j'appris que le scotch chaud était le seul somnifère qui vaille la peine d'être envisagé, et le whisky écossais trouva dûment sa place sur notre buffet. Un jour, très longtemps après, je lui ai demandé s'il prenait encore du scotch chaud pour s'endormir. Il a dit qu'il ne prenait rien. Pendant un moment, il avait trouvé que se coucher sur le sol de la salle de bains était un somnifère ; puis une nuit, il alla se reposer dans son propre lit à dix heures et s'endormit aussitôt sans rien. Depuis, il avait fait la même chose avec le même effet. Bien sûr, cela l'amusait ; il y avait peu d'expériences de la vie, graves ou gaies, qui ne l'amusaient pas, même lorsqu'elles lui faisaient du tort.

Il est venu à Cambridge en avril 1875 pour m'accompagner aux cérémonies du centenaire à Concord, pour célébrer la bataille des Minute Men avec les troupes britanniques cent ans auparavant. Nous avions tous les deux des invitations spéciales, notamment un passage depuis Boston ; mais j'ai dit : Pourquoi se donner la peine d'aller à Boston alors que nous pourrions tout aussi bien prendre le train pour Concord à la gare de Cambridge ? Il décida également que ce serait absurde ; nous avons donc déjeuné délibérément, puis nous sommes allés à pied à la gare, en raisonnant sur beaucoup de choses comme d'habitude. Lorsque le train s'est arrêté, nous l'avons trouvé plein à craquer à l'intérieur comme à l'extérieur. Les gens se tenaient en masse sur les plates-formes des voitures ; à nos yeux étonnés, ils semblaient sortir des fenêtres et, à moins que ma mémoire ne me trahisse, ils gisaient éparpillés sur les toits comme des serre-freins tués au poste de service.

Qu'il en soit réellement ainsi ou non, il est certain que le train présentait une façade impénétrable même à notre imagination, et nous le laissâmes suivre son chemin sans le moindre effort pour monter à bord. Nous remontâmes les célèbres marches de Porter's Station et commençâmes à explorer North Cambridge à la recherche d'un moyen de transport terrestre jusqu'à Concord, car nous étions aussi loin sur la route par laquelle les Britanniques allaient et venaient le jour de la bataille. Les livreurs auxquels nous avons fait appel nous ont reçus, certains avec compassion, d'autres avec dérision, mais dans les deux cas, ils nous ont convaincus que nous n'aurions pas pu louer un chat pour tenter notre transport, encore moins un cheval ou un véhicule de quelque sorte que ce soit. C'était une journée humide et venteuse, très différente de la journée exceptionnellement chaude d'avril où les tuniques rouges en déroute, poursuivis par les coloniaux, s'enfuirent haletants vers Boston, avec « leur langue pendante comme des chiens », mais nous ne pouvions pas trouver le réconfort nécessaire dans le climat. vision de leur déconfiture ; nous pourrions presque les envier, car ils étaient au moins arrivés à Concord. Un rapide cortège d'autocars, de voitures et de buggys, tous en route vers Concord, nous dépassa, inertes et impuissants, sur le trottoir dans la boue particulièrement froide de North Cambridge. Nous commençâmes à nous demander si nous ne pourrions pas arrêter l'un d'eux et le soudoyer pour qu'il nous prenne, mais nous n'eûmes pas le courage d'essayer, et Clemens saisit l'occasion pour commencer à souffrir d'une indigestion aiguë, ce qui donnait à son humour un aspect très lugubre. . J'ai ressenti profondément la honte de la défaite et la culpabilité de la responsabilité de notre échec, et lorsqu'un groupe d'étudiants gais est venu vers nous au sommet d'un pointage, luxueusement vide à l'intérieur, nous avons senti que notre chance était venue, et notre dernière chance. Il a dit que si je les arrêtais et leur disais qui j'étais, ils nous donneraient volontiers, peut-être fièrement, le passage ; J'affirmais que si, avec sa renommée bien plus vaste, il s'approchait d'eux, notre succès serait assuré. Pendant que nous restions là, perdus dans ce « concours de civilités », la voiture nous dépassait, avec des notes gaies soufflées par les klaxons des étudiants, puis Clemens se lança à notre poursuite, encouragé par les cris de la joyeuse fête qui ne pouvait imaginer qui essayait. pour les écraser, jusqu'à une rivalité de vitesse. Ce match inégal ne pouvait se terminer que d'une seule manière, et je suis heureux de ne pouvoir me rappeler ce qu'il m'a dit en revenant vers moi. Depuis lors, je me suis souvent interrogé sur le chagrin qui aurait déchiré ces jeunes cœurs joyeux s'ils avaient pu savoir qu'ils auraient pu avoir la compagnie de Mark Twain à Concord ce jour-là et ne l'ont pas fait.

Nous avons traîné encore un peu, en vain, dans le vent glacial, puis lentement, très lentement, nous sommes rentrés chez nous. Nous souhaitions passer le plus de temps possible, afin de donner une vraisemblance à la tromperie que nous avions l'intention de pratiquer , car nous ne pouvions pas supporter de nous reconnaître déconcertés par notre vantée sagesse de prendre le train à la gare de Porter, et nous étions convenus de dire que nous étions allés à Concord et sommes revenus. Même après être rentrés chez moi, nous sentions que notre déclaration manquerait de vraisemblance sans plus tarder, et nous nous sommes glissés tranquillement dans ma bibliothèque, avons allumé un feu rugissant dans l'âtre et nous sommes dégelés dans la chaleur avant nous avons repris courage pour entreprendre. Avec toutes ces précautions, nous avons échoué, car lorsque notre déclaration a été communiquée à la victime proposée, elle l'a immédiatement déclarée peu fiable, et nous l'avons laissée intacte entre nos mains. Je pense que l'humour de cette situation fut finalement un plus grand plaisir pour Clemens qu'une véritable visite à Concord ne l'aurait été ; quelques semaines seulement avant sa mort, il se moquait de notre défaite avec un membre de ma famille aux Bermudes et se réjouissait de notre prompte détection.

XI.

À partir de notre expérience commune de l'échec, je soutiens que l'affection de Clemens pour moi devait être grande pour lui permettre de tolérer en moi la défection finale qui risquait de marquer la fin de nos entreprises. J'ai imaginé que je lui présentais une surface d'une telle fiabilité qu'il ne pouvait pas imaginer la profondeur du manque de fiabilité en dessous ; et que sans s'en rendre compte, il survenait toujours avec une nouvelle surprise mais une foi intacte. Il aimait, par-dessus tout, pousser une affaire jusqu'au bout, et la fin n'était jamais trop amère à moins qu'elle n'apporte du chagrin ou du mal à autrui. Une fois dans un bureau télégraphique d'une gare ferroviaire, il fut traité avec une négligence si insolente de la part de la jeune femme en charge, occupée à flirter avec un « gentleman ami », cet émule de l'esprit public qu'il admirait chez les Anglais, il lui a dit qu'il devait la dénoncer à ses supérieurs, et (probablement à son grand étonnement) il l'a fait. Il retourna à Hartford, et au moment voulu, la pauvre fille vint me voir avec terreur et en larmes ; car j'avais encouragé Clemens dans son action, et j'avais joint mon nom au sien dans son appel aux autorités. Elle a été menacée de licenciement à moins qu'elle ne lui présente des excuses complètes et ne lui rapporte l'assurance de son acceptation. Je me sentais capable de donner cela et, bien sûr, il a approuvé avec empressement ; Je pense qu'il a télégraphié son approbation. Une autre fois, quelques années plus tard, nous nous asseyions ensemble à l'arrière d'un wagon, et un serre-frein entra pour chercher son carnet officiel. Clemens s'aperçut qu'il s'était assis dessus et le lui remit ; l'homme le grondait de manière très injurieuse, et revenait encore et encore, le grondant encore parce qu'il n'avait pas plus de bon sens que de s'asseoir sur un cahier. La patience de Clemens à supporter cela était si angélique que j'ai jugé bon de commenter : « Je suppose que vous dénoncerez cet homme. "Oui," répondit-il lentement et tristement. "C'est ce que j'aurais dû faire une fois. Mais maintenant je me souviens qu'il reçoit vingt dollars par mois."

Rien n'aurait pu être plus sage, rien de plus tendre, et son humanité n'était pas réservée à l'humanité seule. Il abhorrait la joie sourde et sauvage du chasseur d'un coup heureux, d'une visée infaillible, et un jour que je le rencontrai à la campagne, il venait d'être écœuré par le succès d'un tireur à abattre un merle, et il me décrivit le pauvre , chose frappée et brillante, comment elle gisait, palpitant sur l'herbe, avec une telle pitié qu'il aurait pu donner à un enfant blessé. Je trouve que c'est un endroit approprié pour dire que son esprit et son âme étaient avec ceux qui font le dur travail du monde, dans la peur de ceux qui leur donnent une chance de gagner leur vie et les sous-payent autant qu'ils le peuvent. Il n'est jamais allé aussi loin que moi dans le socialisme, s'il est allé dans cette direction, mais il était fasciné par Regarder en arrière et il avait Bellamy pour lui rendre visite ; et dès le début, il eut une vision lumineuse du travail organisé comme la seule aide actuelle pour les travailleurs. Il montrait ce côté-là avec une telle clarté et une telle force qu'on ne pouvait rien dire de contradictoire ; il voyait avec sa perspicacité implacable qu'avec les syndicats, c'était le seul espoir actuel des travailleurs de se dresser comme un homme contre l'argent et son pouvoir. Il fut un temps où j'avais peur que ses yeux soient un peu détournés de la vérité ; mais dans le tout dernier discours que j'ai entendu de lui, j'ai découvert que j'avais tort et que ce grand humoriste était toujours aussi grand humaniste. Je souhaite que tous les travailleurs puissent le savoir et puissent le connaître comme leur ami dans la vie comme il l'était dans la littérature ; comme il l'était dans un évangile d'égalité aussi glorieux que le « Yankee du Connecticut à la cour du roi Arthur ».

XII.

Que je le veuille ou non, je dois laisser les choses entrer dans mon histoire de manière réfléchie , comme il l'aurait fait, car je ne peux pas me les rappeler dans leur ordre. Un soir, alors que nous donnions une fête, il est soudainement entré en trombe avec un de ses amis, M. Twichell , et a immédiatement commencé à manger et à boire de notre dîner, car ils étaient venus directement chez nous après avoir marché jusqu'à Boston. ou une si grande partie du chemin qu'elle a faim et soif. Je le vois maintenant debout au milieu de nos amis, la tête renversée, et à la main un plat de ces huîtres escalopes sans lesquelles aucune fête à Cambridge n'était vraiment une fête, exultant du récit de son aventure. , qui avait regorgeé de personnages les plus originaux et d'incidents amusants à chaque kilomètre de leur progression. Ils avaient interrompu leur voyage par une nuit de repos et s'étaient généreusement servis en train pendant la dernière moitié ; mais cela avait quand même été une sacrée marche à faire en deux jours. Clemens était un grand marcheur à cette époque-là et racontait toujours ses vagabondages avec M. Twichell jusqu'à la tour Talcott, à dix milles de Hartford. En marchant, bien sûr, il parlait et, bien sûr, il fumait. Chaque fois qu'il passait quelques jours avec nous, il fallait aérer toute la maison, car il fumait partout du petit-déjeuner jusqu'au coucher. Il se couchait toujours avec un cigare à la bouche, et parfois, conscient de mon assurance incendie, je montais l'emporter, encore brûlant, après qu'il s'était endormi. Je ne sais pas dans quelle mesure un homme peut fumer et vivre, mais apparemment il fumait autant qu'un homme le pouvait, car il fumait sans cesse.

Il ne se souciait pas beaucoup de rencontrer des gens, comme je le pensais, et nous étions avides de lui pour nous-mêmes ; il nous était précieux ; et je ne l'aurais pas exposé au côté critique de cette connaissance de Cambridge qui ne l'aurait peut-être pas apprécié, disons, pour sa valeur transatlantique. En Amérique, sa popularité fut aussi instantanée que vaste. Mais il faut reconnaître que pendant bien plus longtemps ici qu'en Angleterre, les érudits polis ont hésité à faire l'éloge. En Angleterre, le rang, la mode et la culture se réjouissaient de lui. Les lord maires , les lord juges en chef et les magnats de toutes sortes étaient ses hôtes ; il était recherché dans les maisons de campagne, et son génie audacieux captivait la faveur des périodiques qui méprisaient le reste de notre nation. Mais dans son propre pays, c'était différent. A mesure que les gens se croyaient raffinés, ils remettaient en question cette qualité que tous reconnaissent en lui aujourd'hui, mais qui était alors la connaissance inspirée de la multitude simple. Je suis allé avec lui voir Longfellow, mais je ne pense pas que Longfellow ait fait grand cas de lui, et Lowell en a fait moins. Il s'arrêta comme avec la longue courbe sémitique du nez de Clemens, que, dans l'indulgence de sa passion de trouver tout le monde plus ou moins juif, il déclarait indubitablement racial. Ce sont deux de mes amis les plus exigeants de Cambridge qui l'ont accepté avec les Anglais, l'ensemble de l'Europe, à savoir Charles Eliot Norton et le professeur Francis J. Child. Norton revenait alors d'un long séjour à l'étranger et ses jugements furent délocalisés. Il rencontra Clemens comme s'ils avaient été tous deux en Angleterre et se réjouit de sa liberté audacieuse par rapport à l'environnement, ainsi que de la riche variété et de la portée illimitée de son discours. Child était d'une liberté personnelle aussi grande dans sa manière fastidieuse que celle de Clemens lui-même, et bien qu'il ne le connaisse que de seconde main, il exultait dans l'exemple le plus audacieux de son grotesque, comme je devrai le raconter plus tard. , presque uniquement. Je ne peux pas dire exactement pourquoi Clemens ne semblait pas gagner les faveurs de notre communauté de scribes et d'érudits, comme l'avait fait Bret Harte, lorsqu'il arrivait de Californie et les balayait devant lui, perturbant leurs dîners et retardant leurs déjeuners en toute impunité ; mais il est certain qu'il ne l'a pas fait, et je ferais mieux de le dire.

Je suis surpris d'apprendre, d'après les autorités bibliographiques, que ce n'est qu'en 1875 qu'il est venu avec le manuscrit de Tom Sawyer et m'a demandé de le lire, en tant qu'ami et critique, et non en tant qu'éditeur. J'ai l'impression que c'était à la demande de Mme Clemens, dans sa propre incertitude quant à l'impression. Elle me faisait confiance, je peux le dire avec une satisfaction que peu de choses me donnent maintenant, pour être le véritable et cordial conseiller de son mari, et je l'étais. Je crois que je ne l'ai jamais déçu dans ce domaine, même si dans tant de nos entreprises et de nos projets, j'ai été faux comme l'eau à cause de mon amour capricieux de me retirer de toute entreprise. Je crois que cela n'a jamais cessé de l'étonner, et cela m'a toujours étonné ; cela me semble tout à fait hors de propos ; quoiqu'il soit certain qu'une entreprise, quand je l'ai entreprise, me retient plutôt que moi . Mais quelle que soit cette question insignifiante, je suis heureux de me rappeler que j'aimais beaucoup Tom Sawyer, et je l'ai dit avec toutes les amplifications possibles. Très probablement, j'ai également fait mes suggestions pour son amélioration ; Je n'aurais pas pu être un vrai critique sans cela ; et je n'ai aucun doute qu'ils ont été acceptés avec gratitude et, je l'espère, qu'ils n'ont jamais été suivis d'effet. Je l'ai accompagné à la station de chevaux de Harvard Square, comme j'en avais l'habitude, et je l'ai mis à bord d'une voiture avec son MS. dans sa main, resté et rassuré, autant que je comptais, à ce sujet. Je ne sais pas quelles étaient ses craintes ; peut-être étaient-ce les craintes de sa femme, car elle souhaitait qu'il soit connu non seulement pour l'humour sauvage et sans limites qui était en lui, mais aussi pour la beauté, la tendresse et la « piété naturelle » ; et elle n'aurait pas voulu le faire juger sur une fidélité trop étroite aux rudes conditions de la vie de Tom Sawyer. C'est le sens que j'ai lu dans le fait qu'il soit venu vers moi avec ces doutes.

XIII.

Clemens avait alors et pendant de nombreuses années l'habitude de m'écrire sur ce qu'il faisait, et plus encore sur ce qu'il vivait. Rien n'a frappé son imagination, dans ou hors de la routine quotidienne, mais il souhaitait m'en parler, et il a écrit avec la plus grande ampleur et une dramatisation somptueuse, parfois sur vingt ou quarante pages, de sorte que j'ai peut-être maintenant quinze cents pages de ses lettres. Ils seront sans doute publiés un jour , mais je n'y fais même pas référence dans ces documents, qui, je pense, auraient dû être présentés au lecteur avec les hésitations et les incertitudes d'un vieil homme. Avec ses fréquentes absences et les miennes à l'étranger, et l'intrusion de soucis calamiteux, le riche flot de ses lettres était de plus en plus interrompu. Parfois, cela cessait presque, et puis cela revenait, un torrent. Dans les toutes dernières semaines de sa vie, il éclata et, bien que trop faible lui-même pour écrire, il me dicta sa rage de lui avoir recommandé un certain auteur dont il ne pouvait nier la véracité, mais qu'il détestait pour sa véracité jusqu'au sordide. et des conditions laides. Au fond, Clemens était romantique, et il aurait voulu que le monde de la fiction soit majestueux et beau, et quoi que le monde réel ne soit pas ; mais il n'était pas romantique et il était un artiste trop impuissant pour ne pas souhaiter que son propre travail montre la vie telle qu'il l'avait vue. Je m'apprêtais à lui répondre pour ces lettres quand j'ai lu qu'il était rentré chez lui pour mourir ; il aurait aimé que le rap revienne.

Il aimait venir à Boston, surtout pour ces déjeuners et dîners où abondait l'hospitalité fertile de notre éditeur Osgood. Il habitait à égale distance de Boston et de New York, et il avait des amis spéciaux à New York, mais il disait qu'il préférait de loin venir à Boston ; Ces dernières années, il n'y est jamais allé, et il en avait perdu l'habitude bien avant de revenir d'Europe pour vivre à New York. Lors de ces fêtes, qui se déroulaient souvent après le dîner, on pouvait toujours lui faire confiance pour quelque chose d'un délice incroyable. Un jour, alors qu'Osgood ne trouvait aucune autre occasion pour un dîner, il s'offrit un dîner d'anniversaire et le demanda à ses amis et à ses auteurs. Le beau et splendide hurlement de soldat était là, et je me souviens comment, dans le long discours décousu dans lequel Clemens faisait le tour de la table en frappant toutes les têtes, et en particulier en rendant visite à Osgood pour le remercier de son ingénieux prétexte pour notre divertissement, il a félicité criant sur son génie d'ingénieur et son contrôle hypnotique des gouvernements municipaux. Il a dit que s'il y avait un plan pour drainer une ville au coût d'un million, en recherchant le niveau de l'eau dans le cours inférieur des égouts, les hurlements viendraient avec un plan pour drainer cette ville en amont à le double du coût et le soumettre au Conseil commun sans opposition. Il est difficile de dire si le temps était plus joyeux lors de ces dîners, ou lors des petits déjeuners au cours desquels

Osgood, Aldrich et moi nous réunissions avec lui et discutions l'après-midi jusqu'au crépuscule de l'hiver.

Il fut une grande figure, et la figure principale, de l'une des premières lectures d'auteurs, aujourd'hui épuisées, qui eut lieu au Musée de Boston pour aider un mémorial de Longfellow. C'est feu George Parsons Lathrop (tout le monde semble être en retard en ces tristes jours) qui a imaginé cette lecture, mais lorsqu'il s'agit du prix des sièges, je peux toujours revendiquer la gloire de le fixer à cinq dollars. Le prix, voire l'occasion, s'est avéré irrésistible, et le musée était bondé du sol jusqu'à la galerie la plus haute. Norton présidait, et quand vint le tour de Clemens de lire, il le présenta avec les éloges exquis qu'il savait le mieux comment faire, mais avant de terminer, il tomba en proie à l'un de ces manquements de tact qui sont le péril particulier des gens de la région. le plus grand tact. Il se souvint de la joie que Darwin éprouvait pour Mark Twain et comment, lorsqu'il revenait de sa longue journée d'étude épuisante et se couchait à minuit, il prenait un volume de Mark Twain, dont il gardait toujours les livres sur une table à côté de lui, et quel qu'ait été son problème tourmentant ou son excès de labeur, il se sentait assuré de passer une bonne nuit de sommeil. Il s'ensuivit une sorte de vide que Clemens combla de la seule manière possible. Il dit qu'il devait toujours être heureux d'avoir contribué au repos de ce grand homme à qui la science devait tant, et puis, sans attendre que la joie éclate dans tous les cœurs, il se mit à lire. C'était curieux de voir son triomphe avec la maison. Ses effets soigneusement étudiés atteignaient d'abord les premiers rangs de l'orchestre, et se répercutaient en rires jusqu'aux personnes debout contre le mur, puis, avec une belle résurgence, revenaient aux sièges arrière de l'orchestre, et montaient ainsi de galerie en galerie jusqu'à ce qu'ils tombent. en arrière, une cataracte d'applaudissements provenant des rangées de sièges les plus hautes. C'était un orateur si expérimenté qu'il connaissait tous les jeux de ce simple instrumentiste, et il ne fait aucun doute que ces résultats étaient précisément prévus grâce à ses connaissances infaillibles. C'était l'interprète public le plus accompli que j'aie jamais vu, et c'était un plaisir incomparable de l'entendre donner une conférence ; sur l'estrade, il était le grand acteur accompli qu'il n'aurait probablement pas été sur scène. Il aimait les pièces de théâtre privées et aimait y jouer avec ses enfants et leurs amis, dans des mises en scène de ses histoires telles que « Le prince et le pauvre » ; mais je ne l'ai jamais vu dans aucune de ces scènes. Lorsqu'il vous a lu son manuscrit, c'était avec une reconnaissance approfondie, quoique involontaire, de ses qualités dramatiques ; il a estimé qu'un acteur ajoutait la moitié au personnage créé par l'auteur. Avec ma propre lecture précipitée et sans enthousiasme de passages que je souhaitais essayer sur lui à partir de chapitres non imprimés (par exemple, de « The Undiscovered Country » ou « A Modern Instance »), il a dit franchement que ma lecture pouvait tout gâcher. Il était réaliste, mais il était essentiellement histrionique, et il l'était à juste titre. Ce que nous avons fortement conçu, nous devons le faire fortement imaginer aux autres, et nous devons utiliser tout art authentique à cette fin.

Il vint un moment où les cours qui avaient fait la joie de sa jeunesse devinrent sa haine, une haine inexprimable, et où il y renonça avec une violence indescriptible. Pourtant, il avait toujours envie de ces pots de chair dont la saveur persistait dans son palais et remplissait ses narines après son retrait de l'estrade. Les Lectures des Auteurs, lorsqu'elles eurent gagné leur brève popularité, abondèrent pour lui en suggestions. Lire son livre n'était pas aussi mauvais que donner une conférence écrite dans le but d'une conférence, et il était enfin prêt à faire des compromis. Il avait un projet magnifique : parcourir le pays avec Aldrich, M. GW Cable et moi-même, dans une voiture privée, avec notre propre cuisinier et toutes les facilités nécessaires pour vivre de la graisse de la terre. Nous ne devrions lire que quatre fois par semaine, dans un divertissement qui ne devrait pas durer plus d'une heure et demie. Il serait l'impresario, garantirait à nous autres au moins soixante-quinze dollars par jour et paierait lui-même toutes les dépenses de l'entreprise, qu'il appelait provisoirement le Cirque. Mais Aldrich et moi n'avions plus la trentaine lorsque nous imaginions si joyeusement « Meurtres mémorables » pour une publication par abonnement ; nous détestions tous les deux les apparitions publiques et, en tout cas, j'allais passer un an en Europe. Le projet échoua donc, sauf en ce qui concerne M. Cable, qui, à sa manière, était aussi bon interprète que Clemens, et savait à la fois lire et chanter la matière de ses livres. À une échelle beaucoup moins prodigieuse, ils ont fait ensemble le tour du grand circuit de conférences. Mais je crois qu'un célèbre directeur de cours s'en chargeait et voyageait avec eux.

C'était un homme très optimiste, un homme très aimable et un tel croyant à la fortune que Clemens disait de lui, comme il disait de l'un de ses premiers éditeurs, qu'on pouvait compter sur cinquante pour cent. de tout ce qu'il a promis. Je suis moi-même devenu, de nombreuses années plus tard, un disciple de ce prophète plein d'espoir, et je peux témoigner que dans mon cas au moins, il a pu en garder quatre-vingt-dix-neuf, voire cent pour cent. de sa parole. C'était moi qui étais le plus près d'échouer, car je commençais rapidement à perdre le sommeil à cause du stress nerveux de mes conférences et des réceptions gratifiantes mais meurtrières qui suivirent, et j'étais vraiment dans cet état d'insomnie que Clemens reconnut dans la brève lettre. Je l'ai reçu dans la ville occidentale, après une demi-douzaine de nuits éveillées. Il m'a félicité sardoniquement d'être entré dans « le domaine des conférences », puis il m'a dit : « Je sais où tu es maintenant. Tu es en enfer.

C'est dans cette perdition qu'il rentra lorsqu'il entreprit cette tournée de conférences à travers le monde pour payer les dettes que lui laissait la faillite de sa maison d'édition. Ce n'était pas une pure perdition pour lui, ou plutôt, c'était une perdition pour seulement la moitié de lui, la moitié de l'auteur ;

pour le demi-acteur, c'était le paradis. L'auteur qui se met à donner des conférences sans pouvoir apporter un soutien histrionique à la réputation littéraire qu'il met à l'épreuve grossière des yeux et des oreilles de son lecteur, invoque un péril et une misère inconnus du conférencier qui a fait son premier public depuis la tribune. . Clemens fut victorieux sur l'estrade dès le début, et ce serait folie de prétendre qu'il n'y exulta pas de ses triomphes. Mais je suppose qu'avec les nerfs usés de la vie moyenne, il détestait de plus en plus le déferlement d'intérêts personnels sur lui et tout le bruit inévitable de cette chose. Pourtant, il y fit face, et il travailla autour de notre ennuyeux globe pour pouvoir payer jusqu'à un centime de dettes qu'il n'avait pas contractées sciemment, les dettes de ses associés qui avaient eu de bonnes intentions et mal agi, non pas parce qu'ils étaient mauvais, mais parce qu'ils étaient imprudents et aussi inaptes à leur travail que lui. "Paye ce que tu dois ." C'est vrai, même si tu le dois à cause de l'erreur d'autrui, et même si tu le dois à une banque, qui ne l'a pas prêté par amour pour toi, mais dans le cadre difficile des affaires et de ton besoin.

La conduite de Clemens dans cette affaire rejaillit à sa gloire parmi les nations de la terre entière, et spécialement dans cette nation, si enveloppée dans le commerce et si peu habituée à honorer parmi ses nombreux voleurs. Il s'était comporté comme Walter Scott, comme des millions de personnes se réjouissaient de le savoir, qui n'avaient pas su comment Walter Scott s'était comporté jusqu'à ce qu'ils sachent qu'il ressemblait à Clemens. Il ne fait aucun doute que cela sera mis à son honneur dans les livres de l'Ange Enregistreur, mais on ne sait pas ce que le Juge de toute la Terre en dira au Dernier Jour. Je ne serais pas surpris s'il lui accordait moins de mérite que d'autres choses que Clemens a faites et était : moins que son horreur de la guerre d'Espagne et de la destruction des républiques sud-africaines, et notre tromperie envers les Philippins, et son sa haine de l'esclavage, et son paiement de sa part de la dette de notre race envers la race des étudiants de couleur qu'il a fréquentés à l'université, et son soutien à un artiste pauvre pendant trois ans à Paris, et son prêt d'opportunité aux jeunes qui sont devenus le plus brillant de nos acteurs-dramatistes, et son pardon empressé à la jeune fille irréfléchie qui était sur le point de payer le prix de son impertinence par la perte de sa place, et son souvenir que l'insolent serre-frein gagnait si peu de dollars par mois, et sa sympathie pour les ouvriers qui résistent à l'argent dans leurs syndicats, et même sa pitié pour l'oiseau blessé qui battait sa petite vie sur l'herbe pour le plaisir de l'imbécile cruel qui l'a abattu. Celles-ci et les mille autres charités et bénéfices dans lesquels il a abondé, ouvertement ou secrètement, peuvent lui être plus utiles que l'acquittement des dettes de son entreprise auprès du Juge de toute la Terre, qui fera sûrement le bien, mais dont personne ne connaît les mesures et les critères. , et moi encore moins de tous les hommes.

Il ne montrait pas beaucoup de sympathie envers les gens dans leurs inquiétudes, mais cela ne manquait jamais, et à une époque où je restais malade pendant de nombreuses semaines, ses lettres consolaient ceux qui craignaient que je ne me relève pas. Sa main était tendue pour aider ceux qui avaient besoin d'aide, et pour faire preuve de bonté envers ceux qui avaient besoin de bonté. Il me reste à l'esprit le sentiment morne d'un long, long voyage jusqu'aux limites extrêmes du South End à Boston, où il est allé rendre visite à quelque personne obscure dont les revendications s'étendaient en une chaîne toujours plus longue depuis ses débuts dans le Missouri – un sentiment des plus personne inadéquate, dans le vide de laquelle l' obscurité de la journée maussade s'est approfondie jusqu'à ce qu'elle soit presque trop profonde pour les larmes. Il a supporté l'épreuve avec un héroïsme sinistre et en a silencieusement dissipé le sens, tandis que nous retournions à Cambridge, dans ses pantoufles , méditant sombrement, jurant sombrement . Mais il savait qu'il avait fait le bien, la bonne chose, et il était content. Il a fait tout le chemin depuis Hartford pour m'accompagner à une de mes pièces sans amis, qu'Alessandro Salvini donnait dans une série de matinées dans des maisons ne s'agrandissant jamais au-delà du nombre des deux cents courageux qui y ont assisté, et il est resté mon esprit évanoui avec une acclamation au-delà des flacons, me rejoignant dans ma plaisanterie face à la misère de celle-ci, et poussant l'amusement plus loin.

Avant cela, il avait été témoin du suicide esthétique d'Anna Dickinson, qui avait été une flamme brûlante du programme politique pendant la guerre et qui avait été abandonnée par eux à une malheureuse ambition pour le théâtre. La pauvre fille avait fait écrire une pièce spécialement pour elle et, comme Anne Boleyn, elle déclamait et exhortait tout au long des cinq actes, se rapprochant de plus en plus de la défaite totale de l'anticlimax. Nous pouvions à peine nous regarder par pitié, Clemens assis là dans la boîte qu'il avait prise, avec sa tête hirsute au coin de la rue et ses pantoufles enroulées sous lui : soit il allait quelque part dans ses pantoufles, soit il les portait avec lui, et les enfila dès qu'il put ôter ses bottes. Quand nous ne pouvions plus suivre son échec et vivre, il commença à parler de la fin absolue de sa carrière et du fait qu'elle n'avait probablement aucune idée que c'était la fin. Il a philosophé la miséricorde du fait et de l'ignorance de la plupart d'entre nous, lorsqu'ils sont mortellement malades ou mortellement blessés. Nous pensons que ce n'est pas la fin, parce que nous n'avons jamais fini auparavant, et nous ne voyons pas comment nous pourrions finir. Certains peuvent survivre à des heures terribles et revivre, mais pour Anna Dickinson, il pourrait y avoir, et il n'y a pas eu, une telle palingénésie . Bien sûr, nous tirons cette joie solennelle de lire correctement son destin qui est la compensation du spectateur avisé témoin de la destinée inexorable des autres .

XV.

Lorsque MM. Houghton et Mifflin sont devenus propriétaires de The Atlantic Monthly, M. Houghton avait envie de prendre des petits-déjeuners et des dîners, qui devraient mettre l'éditeur et le rédacteur face à face avec les contributeurs invités de loin et de près. Bien sûr, le subtil démon de la publicité, devenu si audacieux maintenant, se cachait sous les couvertures de ces banquets, et le jeune associé et le jeune éditeur avaient leurs fines angoisses d'inquiétude conjointes et séparées quant au goût et au principe de eux; mais ils étaient en réalité très simples et sincères en termes d'hospitalité, et ils prospéraient comme ils le devraient et produisaient un grand plaisir et aucune douleur. J'oublie certaines des « occasions émergentes », mais je suis sûr d'un dîner d'anniversaire accepté de manière très inattendue par Whittier, et d'un déjeuner d'anniversaire pour Mme Stowe, et je pense d'un dîner d'anniversaire pour Longfellow ; mais les années qui ont passé m'ont laissé dans l'ignorance quant au prétexte de ce souper au cours duquel Clemens a prononcé son horrible discours et qui a failli être notre mort à tous. Aux petits déjeuners et aux déjeuners, nous avons eu le plaisir d'être en compagnie de nos contributrices, mais ce soir-là, il n'y avait que des hommes et grâce à notre grande force, nous avons survécu.

Je suppose que c'était vers 1879, mais ici l'almanach n'a pas d'importance, et je peux seulement dire que c'est après que Clemens soit devenu un collaborateur très apprécié du magazine, où il se retrouva à sa grande satisfaction explicite. Il avait accepté notre invitation avec jubilation et avait promis un discours qu'il apparut par la suite qu'il avait préparé avec un soin et une confiance inhabituels. C'était son habitude de toujours réfléchir à ses discours, de les formuler mentalement, puis de les mémoriser grâce à un système particulier de mnémoniques qu'il avait inventé. Sur la table du dîner, une certaine succession de couteau, de cuillère, de salière et de beurrier symbolisait une suite d'idées, et sur le billard une boule, une queue et un morceau de craie servaient au même usage. Avec un diagramme imprimé dans son cerveau, il maîtrisait parfaitement les phrases que son imagination y avait attachées et qui incarnaient les idées sous une forme parfaite. Il croyait avoir été particulièrement chanceux dans son idée pour le discours de ce soir-là, et il l'avait élaboré avec une joyeuse autonomie. C'était l'idée de trois vagabonds, trois mauvais payeurs, visitant un camp minier de Californie et s'imposant aux mineurs innocents, respectivement Ralph Waldo Emerson, Henry Wadsworth Longfellow et Oliver Wendell Holmes. L'humour de la conception devait prospérer ou échouer selon l'humeur de l'auditeur, mais Clemens était sûr de forcer cela à la sympathie et il espérait un triomphe sans précédent.

Mais il y avait deux choses dont il n'avait pas tenu compte. L'une était l'espèce de vénération religieuse dans laquelle ces hommes étaient tenus par ceux qui étaient les plus proches d'eux, chose que je ne pourrais pas comprendre à des gens éloignés d'eux dans le temps et dans l'espace. C'étaient des hommes d'une dignité extraordinaire, de ce qu'on appelle la présence, faute d'un mot plus clair, de sorte que personne ne pouvait les approcher avec un esprit personnellement léger ou insignifiant. Je ne pense pas que quelqu'un les ait plus vraiment appréciés ou plus pieusement aimés que Clemens lui-même, mais l'ivresse de son imagination l'a porté au-delà des limites de cet égard et l'a enhardi vers l'autre chose dont il n'avait pas tenu compte, à savoir , l'immense risque de développer son imagination devant leurs visages et de s'attendre à ce qu'ils en prennent le plaisir. Si ni Emerson, ni Longfellow, ni Holmes n'avaient été là, le projet aurait pu aboutir, mais même cela est douteux, car ceux qui les ont si dévotement honorés auraient surmonté leur horreur avec difficulté, et peut-être ne l'auraient-ils pas surmonté du tout. .

L'éditeur, avec une modestie bien ingrate à mon égard, avait abdiqué sa charge d'hôte, et j'étais le malheureux président, remplissant la fonction abhorrée de lever les gens et de les faire parler. Quand je suis arrivé chez Clemens, je l'ai présenté avec l'admiration cordiale que j'avais pour lui comme l'un de mes plus grands contributeurs et amis les plus chers. Voilà, disais-je, en somme, c'était un humoriste qui ne vous laissait jamais bouche bée pour avoir apprécié sa plaisanterie ; et puis l'erreur étonnante, la bévue ahurissante, la catastrophe cruelle était sur nous. Je crois qu'une fois que la portée du burlesque s'est révélée claire, il n'y avait personne là-bas, y compris le burlesque lui-même, qui n'ait été frappé d'un désarroi désolant. Il y eut un silence pesant plusieurs tonnes par pouce carré, qui s'approfondissait d'instant en instant, et n'était rompu que par le rire hystérique et glaçant le sang d'un seul invité, dont le nom ne sera pas transmis à l'infamie. Personne ne savait s'il fallait regarder l'orateur ou son assiette. J'ai choisi mon assiette comme la moindre affliction, et ainsi je ne sais pas à quoi ressemblait Clemens, sauf lorsque je lui ai jeté un coup d'œil et que je l'ai vu debout, solitaire, au milieu de ses auditeurs consternés et épouvantables, avec sa plaisanterie morte sur les bras. Dès le premier coup d'œil sur les trois grands dont sa plaisanterie avait fait le thème, je reconnus Longfellow assis droit, et regardant l'humoriste d'un air pensif, Holmes occupé à écrire sur son menu, avec un effet bien feint de préoccupation, et d'Emerson, se tenant les coudes et écoutant avec une sorte d'oubli jovien de ce monde inférieur dans cet oubli qui l'a sauvé de tant de soucis dans ces dernières années. Clemens a dû pousser sa plaisanterie jusqu'au point culminant et l'en rester là, mais je ne peux pas le dire d'un quelconque point de vue. De ce qui s'est passé ensuite à la table où fut offert l'affront immense, tout à fait innocent, vraiment inimaginable, je n'ai plus le moindre souvenir. Je me souviens ensuite d'avoir été dans une chambre de l'hôtel, où Clemens ne devait pas dormir, mais se retourner dans le désespoir, et Charles Dudley Warner disant, dans l'obscurité : « Eh bien, Mark, vous êtes un drôle de garçon. C'était aussi bien que tout ce qu'il aurait pu dire, mais Clemens semblait incapable d'accepter cet hommage.

J'ai passé la nuit avec lui, et le lendemain matin, après un petit-déjeuner hagard, nous avons roulé et il a fait quelques achats de bric-à-brac pour sa maison de Hartford, avec une âme aussi loin du bric-à-brac. comme toujours l'âme de l'homme. Il rentra chez lui par un train de bonne heure et il ne perdit pas de temps pour répondre aux trois personnalités divines qu'il avait si involontairement semblé bafouer. Ils lui ont tous répondu, pour que cela soit aussi léger que possible pour lui. J'ai entendu dire qu'Emerson était très intrigué et, dans son sublime oubli, il demanda : Qui était ce monsieur qui semblait penser qu'il lui avait offert une sorte de contrariété ! Mais je ne suis pas sûr que ce soit exact. Ce dont je suis sûr, c'est que Longfellow, quelques jours après, dans mon bureau, s'est arrêté devant une photo de Clemens et a dit : « Ah, c'est un farceur ! Et rien de plus. Holmes me dit avec une profonde émotion, telle qu'un frère humoriste pourrait bien en ressentir, qu'il n'avait pas perdu un instant pour répondre à la lettre de Clemens, pour l'assurer qu'il n'y avait pas eu la moindre offense, et pour le supplier de ne jamais penser à la importe à nouveau. "Il a dit qu'il était un imbécile, mais il était l'imbécile de Dieu", a cité Holmes dans la lettre, avec un vrai sens du pathos et de l'humour de l'auto-humiliation.

Clemens m'a écrit une semaine plus tard : « Ça ne s'améliore pas ; ça brûle comme le feu. » Mais maintenant je comprends que ce n'était pas la honte qui le brûlait, mais la rage pour une bévue qu'il avait si incroyablement commise. Qu'avoir conçu ces hommes, les plus dignes de notre littérature, de notre civilisation, comme impersonnables par trois vagabonds, et ensuite avoir imaginé qu'il pouvait leur demander personnellement de profiter de cette monstrueuse parodie, était une rupture, il s'en rendit compte trop tard, pour lequel il n'y a eu aucune réparation. Pourtant, le moment est venu, et peu de temps après, où certains ont mentionné l'incident comme une erreur, et il a dit, avec toute sa férocité : "Mais je n'admets pas que ce soit une erreur", et c'était ce n'est pas le cas dans l'esprit de tous les témoins de seconde main. Le lendemain de ce terrible dîner, une note élogieuse du professeur Child, qui avait lu le journal à ce sujet, louait le burlesque de Clemens comme le morceau d'humour le plus riche du monde et ne trahissait aucun sentiment d'incongruité dans sa perpétration en présence de ses victimes. Je pense qu'il a toujours dû être ancré dans l'âme de Clemens, qu'il était la proie des circonstances, et que s'il avait une occasion plus favorable, il pourrait récupérer sa perte en donnant à la chose le cadre approprié. Il n'y a pas plus de deux ou trois ans, il est venu me juger comme pour réessayer lors d'une réunion de journalistes à Washington. J'ai dû admettre mes craintes, alors que j'allais en revanche sur la note de Child, mais finalement il ne l'a pas essayé avec les journalistes. Je ne sais pas s'il l'a jamais imprimé ou non, mais depuis que cela s'est produit, je me suis souvent demandé à quel point il y avait réellement de l'offense là-dedans. Je n'en suis pas sûr, mais l'horreur des spectateurs a fait ressortir plus d'indignation chez les sujets du malheureux drôle qu'ils n'en ont ressenti. Mais cela a dû être difficile pour eux de supporter cela avec sérénité. Certes, ils n'étaient pas eux-mêmes moqués ; la plaisanterie n'était évidemment pas pour eux ; néanmoins on jouait de leur personnalité , et je ne pouvais finir que par réfléchir que si j'avais été à leur place, je ne l'aurais pas aimé moi-même. Clemens l'aurait aimé lui-même, car il avait le cœur pour ce genre de jeu sauvage, et il aimait tellement les plaisanteries que même si elles prenaient la forme d'une liberté et étaient pourtant une bonne plaisanterie, il l'aurait adoré. Mais peut-être que ce burlesque n'était pas une bonne plaisanterie.

XVI.

Clemens était le plus souvent chez moi à Cambridge, mais il était aussi parfois chez moi à Belmont ; lorsque, après un an en Europe, nous partîmes vivre à Boston, il était plus rarement parmi nous. Nous ne pouvions jamais rester longtemps ensemble sans qu'il se produise quelque chose d'extraordinaire, et un jour il se produisit quelque chose de très inhabituel, qui refusa heureusement le caractère d'une tragédie absolue, tout en restant plutôt la comédie la plus triste. Nous regardions par la fenêtre de ma bibliothèque cette vue du Charles que j'étais si fier de partager avec mon voisin d'à côté, le docteur Holmes, lorsqu'un autre ami qui était avec nous a crié avec un intérêt curieusement impersonnel : " Oh, tu vois cette femme entrer dans l'eau ! » Cela aurait excité une curiosité et alarmé une anxiété bien moins vive que la nôtre, et Clemens et moi nous sommes précipités en bas et sommes sortis par ma cave et mon portail arrière. Au même moment, un cocher sortit d'une écurie voisine et saisit par les épaules une femme qui descendait, un peu délibérément, les marches menant à l'eau, au-dessus du talus. Avant que nous puissions les atteindre, il l'avait tirée jusqu'à l'allée et l'avait maintenue là pendant qu'elle pleurait follement son sauvetage. Dès qu'il nous aperçut, il rentra dans son écurie et nous laissa avec la pauvre créature sauvage sur les bras. Elle n'était ni très jeune ni très jolie, et nous n'aurions pas pu nous flatter de l'idée qu'il y avait quelque chose de romantique dans sa manie suicidaire, mais nous pouvions la prendre au niveau humain au sens large, et sur ce point nous avons proposé de l'escorter jusqu'à Beacon Street. jusqu'à ce que nous puissions la confier à l'un de ces gentils policiers que notre quartier connaissait. Naturellement, il n'y avait aucun policier connu de nous ou inconnu pendant tout le trajet jusqu'au Jardin Public. Nous avons dû contourner notre accusation dans son projet actuel de se noyer et la promener dans les rues traversant Beacon jusqu'à la rivière. À ce stade, il a fallu un raisonnement considérable pour vaincre son souhait et des manœuvres actives de notre part pour faire valoir nos arguments. Personne d'autre ne semblait intéressé, et même si nous n'avions pas recherché la publicité dans l'accomplissement du devoir qui nous était si étrangement imposé, il était néanmoins plutôt décevant d'être si complètement ignoré.

Il y a quatre ou cinq traversées vers la rivière entre le 302 Beacon Street et le jardin public, et les suggestions dont nous disposions étaient à peu près épuisées au moment où nous y arrivâmes. Pourtant, le policier attendu n'était nulle part en vue ; mais une pensée brillante vint à Clemens. Il m'a demandé où se trouvait le commissariat de police le plus proche, et quand je lui ai dit, il est parti à toute vitesse, me laissant seul responsable de notre malheureux quartier. Tous mes pouvoirs de persuasion étaient alors mis à rude épreuve, et je commençai à attirer l'attention comme un petit et gros gentleman au début de la vie moyenne, s'efforçant de priver une femme respectable de sa liberté personnelle, lorsque son complice l'avait abandonné à son méchant dessein. Après un temps beaucoup plus long que je n'aurais cru devoir mettre pour appeler un policier au commissariat, Clemens réapparut dans une conversation facile avec un officier qui s'était probablement rendu compte qu'il était en compagnie de Mark Twain et n'était pas pressé de mettre fin à la conversation. entretien. Il s'empara de notre captive, et nous ne la revoyâmes plus. Je me demande maintenant si, grâce à notre instinct commun d'échec, nous nous sommes jamais débarrassés d'elle ; mais je suis sûr que nous l'avons fait, et peu de choses dans la vie m'ont procuré un plus grand soulagement. De retour chez moi, nous trouvâmes l'ami que nous avions laissé là-bas assez imperturbable et peu soucieux de connaître les faits de notre aventure. J'ai l'impression qu'il faisait une sieste dans mon salon ; il paraissait reposé et même gai ; mais si je suis inexact sur ces détails, il est vivant pour me réfuter.

XVII.

Peu de temps après, Clemens partit à l'étranger avec sa famille et vécut plusieurs années en Allemagne. Ses lettres arrivaient toujours, mais à des intervalles plus longs, et le fil de nos relations intimes était inévitablement rompu. Il m'écrivait quand quelque chose que j'avais écrit lui plaisait, ou quand quelque chose d'signal lui venait à l'esprit, ou quand un outrage politique ou social l'excitait à la colère, et il souhaitait libérer son esprit dans de pieux blasphèmes. Au cours de ce séjour, il faillit mourir d'une pneumonie à Berlin, et il eut de légères rechutes à son retour chez lui. A Berlin aussi, il eut l'honneur de dîner avec l'empereur allemand à la table d'une cousine mariée à un haut officier de la cour. Clemens était homme à jouir d'une telle distinction ; il a su l'accepter comme une reconnaissance déléguée du peuple allemand ; mais comme venant d'un souverain plutôt cinglé qui n'avait encore pour se valoriser que sa souveraineté, il n'en était pas très fier. Il a exprimé un mépris discret pour l'événement entre l' impérialité et lui-même, à qui il était censé conférer une telle gloire, couronnant sa vie de la plus haute feuille de laurier. Il était dans la même humeur dans son récit d'un dîner anglais plusieurs années auparavant, où était présent un « petit seigneur écossais », à qui les Anglais faisaient tacitement référence au discours de Clemens, et riaient quand le seigneur riait, et étaient sérieux quand il échouait. sourir. De tous les hommes que j'ai connus, il était le plus éloigné du snob, même s'il appréciait la reconnaissance et appréciait les flatteries de la foire à la mode lorsqu'elles se présentaient sur son chemin. Il ne ferait pas tout pour cela, mais comme la plupart des hommes compétents et brillants, il aimait l'esprit des femmes, leur esprit, leur intelligence agile, leur perception sensible, leur appréciation humoristique, les choses impertinentes qu'elles disaient et leur jolie , des défiances téméraires . Il avait, bien sûr, le sens le plus aigu de ce qu'il y avait de vraiment digne et de vraiment indigne chez les gens ; mais il ne s'intéressait pas vraiment à ce qu'on appelle les affaires de société ; ils existaient à peine pour lui, bien que ses livres témoignent de la façon dont il abhorrait les terribles imbéciles qui, par quelque chance de naissance ou de richesse, se considèrent différents des autres hommes.

En général, il ne gardait pas les choses pour lui, notamment les aversions et les condamnations. Sur la plupart des événements actuels, il avait des opinions bien arrêtées, et il les exprimait avec force. Au bout d'un moment, il resta silencieux en eux, mais si vous l'essayiez, vous le trouviez toujours en eux. Il a été terriblement bouleversé par un certain procès célèbre, comme la plupart d'entre nous qui avons vécu à l'époque. Il croyait l'accusé coupable, mais lorsque nous nous sommes rencontrés quelques mois après la fin de l'affaire, et que je l'ai tenté de dire ce qu'il pensait à ce sujet, il disait seulement que l'homme avait assez souffert ; comme si l'homme avait expié son tort, et qu'il n'allait rien faire pour renouveler sa peine. J'ai trouvé cela très curieux, très délicat. Son blâme continu ne pouvait pas être porté à la connaissance du malade, mais il estimait qu'il était de son devoir de s'en abstenir.

Il avait tendance à s'épuiser dans la véhémence de ses ressentiments ; ou bien, il s'était tellement dépensé à les prononcer qu'il n'avait littéralement plus rien à dire. Vous pouviez proposer à Clemens des offenses qui mettraient en colère d'autres hommes et cela ne le dérangeait pas ; il les expliquerait d'après la nature humaine ; mais s'il pensait que vous l'aviez trompé d'une manière ou d'une autre, vous étiez anathème et maranatha pour toujours. Mais pas pour toujours, peut-être, car peu à peu, après des années, il se tairait. Il y avait deux hommes, séparés d'une demi-génération dans leur succession, qu'il jugeait également atroces dans leur trahison envers lui, et dont il parlait d'une manière effrayante, même après qu'ils fussent hors du monde. Il est allé plus loin que Heine, qui disait qu'il pardonnait à ses ennemis, mais seulement jusqu'à ce qu'ils soient morts. Clemens n'a pas pardonné à ses ennemis morts ; leur mort semblait aggraver leurs crimes, comme une basse évasion ou une lâche tentative d'évasion ; il les poursuivit jusqu'au tombeau ; il voudrait les déterrer et se venger de leur argile. C'est ce qu'il a dit, mais sans aucun doute, il ne leur aurait pas fait de mal s'il les avait eus avant lui. Il était généreux sans compter ; il faisait confiance sans mesure, mais là où sa générosité était abusée ou sa confiance trahie, il était un feu de vengeance, une flamme dévorante de suspicion qu'aucune pincée de patience froide de la part des autres ne pouvait éteindre ; il a dû s'éteindre. Il se montrait ardemment et généreusement hospitalier, mais si un homme semblait disposé à s'en prendre à lui ou à s'allonger sur lui de quelque manière que ce soit, Clemens le méprisait inexprimablement. Dans ses frénésie de ressentiment ou de suspicion, il ne voulait pas et ne pouvait sans doute pas entendre raison. Mais si, entre les paroxysmes, il était confronté aux faits, il les reconnaîtrait, peu importe ce qu'ils disaient contre lui. À un moment donné, il s'imaginait qu'un certain journal le harcelait de censures mordantes et de paragraphes empoisonnés, et il se remplissait de colère pour être dûment déchargé sur la tête du rédacteur. Plus tard, il m'a écrit avec une joie humoristique dans son erreur que Warner lui avait conseillé de faire surveiller ces blessures par le journal. Il l'avait fait, et combien de mentions de lui ai-je estimé qu'il avait trouvées en trois mois ? Juste deux, et ils étaient plutôt indifférents qu'antipathiques. Le journal a donc été acquitté et la vie du rédacteur en chef a été épargnée. Le misérable ne savait jamais à quel point il était près de le perdre, avec d'incroyables préliminaires d'opprobre, et une dévotion ultérieure à une infamie durable.

Sa mémoire pour les faveurs était aussi bonne que pour les blessures, et il aimait vous rendre votre amitié avec un orchestre de musique aussi fort qu'il était possible d'acheter ou de soudoyer pour l'occasion. Tout ce que vous aviez à faire était de signifier que vous vouliez son aide. Lorsque mon père était consul à Toronto, sous l'administration d'Arthur, il croyait que sa place était en danger et il fit appel à moi. À mon tour, j'ai fait appel à Clemens, me rappelant son amitié avec Grant et celle de Grant avec Arthur. Je lui ai demandé d'écrire à Grant au nom de mon père, mais non, m'a-t-il répondu, je dois venir à Hartford, et nous irons ensemble à New York et verrons Grant personnellement. C'était avant, et bien avant, que Clemens ne devienne l'éditeur et le splendide bienfaiteur de Grant, mais les hommes s'aimaient comme de tels hommes ne pouvaient s'empêcher de le faire. Clemens a pris rendez-vous et nous sommes allés trouver Grant dans son bureau, cet endroit où son innocence commerciale a ensuite été si trahie. Il était très simple et très cordial, et je me sentais immédiatement plus à l'aise avec lui, parce que sa voix avait l'accent doux et rond de la rivière Ohio auquel mes années étaient habituées au début de mes oncles bateaux à vapeur , mes premiers héros. Quand j'ai exposé mes affaires, il a simplement dit : « Oh non ; cela ne doit pas être le cas ; il écrirait à M. Arthur ; et il l'a fait ce jour-là ; et mon père a survécu jusqu'à abandonner sa fonction, quand il en avait assez, sans aucune urgence d'en haut.

Il n'est pas sans importance pour Clemens de dire que Grant semblait aimer se retrouver en compagnie de deux hommes de lettres, dont au moins il pouvait être sûr, et contrairement à cet homme silencieux qu'il avait la réputation, il parlait constamment, et pour autant que il aurait pu parler littérature. Il parlait au moins de John Phoenix, le plus délicieux des premiers humoristes de Pacific Slope, qu'il avait connu sous son vrai nom de George H. Derby, lorsqu'ils étaient camarades à West Point. C'était très joli, comme dirait Pepys, de voir la délicate déférence que Clemens accordait à notre simple héros et le respect viril avec lequel il écoutait. Pendant que Grant parlait, son déjeuner était apporté d'un restaurant sans prétention à proximité , et il nous a demandé de le rejoindre pour les fèves au lard et le café qui nous ont été servis dans une petite pièce à l'extérieur du bureau, à peu près dans les mêmes circonstances que dans une gare ferroviaire. buvette. Les fèves au lard et le café avaient à peu près la qualité d'un rafraîchissement ferroviaire ; mais les manger avec Grant, c'était comme s'asseoir autour d'un café avec des fèves au lard et un café avec Jules César, ou Alexandre, ou quelque autre grand capitaine plutarque . L'une des plus grandes satisfactions de la vie, souvent extrêmement satisfaisante, de Clemens était sa relation avec Grant. C'était sa fière joie de raconter comment il avait trouvé Grant sur le point de signer un contrat pour son livre à des conditions certainement très bonnes, et lui avait dit qu'il publierait lui-même le livre et lui donnerait un pourcentage trois fois plus élevé. Il a déclaré que Grant semblait douter de pouvoir se retirer honorablement des négociations à ce stade, mais Clemens a dépassé ses scrupules et c'était son privilège sans précédent, son plaisir princier, de payer à l'auteur un chèque bien plus important pour son travail que jamais auparavant. payé à un auteur auparavant. Il appréciait encore plus que cette splendide opportunité les moments sacrés au cours desquels leurs affaires le mettaient en présence de l'homme héroïquement vivant et mourant lentement avec lequel il se liait tant d'amitié ; et il m'a raconté avec des mots qui n'ont sûrement rien perdu de leur simple pathétique à travers son rapport, comment Grant décrivait sa souffrance.

La prospérité de cette entreprise fut le début de l'adversité de Clemens, car elle conduisit à des excès d'entreprise qui étaient des formes de dissipation. Le jeune sculpteur qui lui était revenu de Paris modela un petit buste de Grant, que Clemens multiplia en grand nombre à sa grande perte, et le succès du livre de Grant le tenta de se lancer sur les mers de l'édition où sa barque sombrait bientôt. Le premier et le plus grand de ses désastres fut la Vie du pape Léon XIII, dont il venait me raconter, alors qu'il l'avait imaginé, dans une sorte d'exultation délirante. Il n'avait pas de mots pour décrire la magnificence du projet, ni pour prédire son succès colossal. Sa monnaie serait limitée uniquement au nombre de catholiques dans la chrétienté. Il serait traduit dans toutes les langues écrites ou imprimées n'importe où ; il circulerait littéralement dans tous les pays du globe, et les agents du livre de Clemens transporteraient les prospectus puis les exemplaires reliés de l'ouvrage jusqu'aux extrémités de la terre entière. Non seulement tout catholique l'achèterait, mais tout catholique devait le faire, puisqu'il était un bon catholique, puisqu'il espérait être sauvé. C'était un projet magnifique, et il me captivait, comme il avait captivé Clemens ; il nous éblouit tous les deux, et aucun de nous n'en vit le défaut fatal. Nous n'avons pas pris en compte le nombre de fois où les catholiques ne savaient pas lire, ni combien de fois, lorsqu'ils le pouvaient, ils ne souhaitaient peut-être pas lire. L'événement a prouvé que, qu'ils sachent ou non lire, une majorité incommensurable ne souhaitait pas lire la vie du Pape, bien qu'elle ait été écrite par un dignitaire de l'Église et publiée dans le monde avec toute l'approbation du Vatican. L'échec fut incroyable pour Clemens ; son âme sanguine était complètement confuse, et bientôt un silence tomba sur elle là où elle avait été si exubérante et jubilatoire.

XIX.

Les occasions qui nous rassemblèrent à New York n'étaient pas aussi fréquentes que celles qui nous unirent à Boston, mais il y eut un dîner que lui offrit un ami et qui reste mémorable par la fatuité de deux hommes présents, si différents en tout sauf leur fatuité. . L'un d'entre eux était le doux vieux comédien Billy Florence, qui exhortait le dramaturge malheureux de l'autre côté de la table à lui écrire une pièce sur Oliver Cromwell et lui donnait les raisons pour lesquelles il se croyait particulièrement apte à incarner le personnage de Cromwell. L'autre était un homme riche, modestement millionnaire , qui commençait seulement à amasser les sommes si élevées depuis, et était encore en état d'être flatté par la condescendance d'un millionnaire encore plus grand. Sa contribution à notre gaieté était le rapport textuel d'un appel qu'il avait fait à William H. Vanderbilt, qu'il avait trouvé sur le point de quitter la ville, avec ses malles en fait dans le hall d'entrée, mais qui était resté pour recevoir le narrateur. Il s'était en fait assis sur l'une des malles et avait parlé avec la plus grande amitié, et tout à fait, nous pouvions en déduire, comme un être humain ordinaire. Clemens poursuivait souvent la conversation lorsque nous sortions d'un dîner, mais maintenant il se taisait, comme s'il était « très triste et écoeuré » ; et ce n'est que bien après que j'ai découvert qu'il avait noté les faits, à cause de l'amertume avec laquelle il se moquait de l'homme riche et de la pitié qu'il exprimait pour l'acteur.

Il avait commencé auparavant à rassembler les preuves contre l'humanité qui l'avaient conduit à sa théorie de ce qu'il appelait « la maudite race humaine ». Ce n'était pas une expression de piété, mais du genre de mépris auquel il était poussé par nos folies et nos iniquités telles qu'il les avait observées en lui-même ainsi que chez les autres. C'était probablement une misanthropie aussi douce qu'elle ait jamais caressé les objets de sa malédiction. Mais je crois que c'est vers 1900 que son sentiment de notre perdition devint insupportable et éclata dans un mélange d'horreur et d'amusement qui n'épargna aucune occasion, de sorte que je pus tout à fait comprendre pourquoi Mme Clemens aurait dû trouver une compensation, lorsqu'elle était tenue de sa chambre par la maladie, en pensant que maintenant elle ne devrait plus entendre autant parler de « la maudite race humaine ». Il raconta cela avec la même joie sauvage qu'il lui avait raconté avoir entendu la répétition de l'un de ses grossièretés les plus inclusives, et son explication selon laquelle elle voulait qu'il l'entende pour qu'il sache à quoi cela sonnait. Le contraste entre ce blasphème sinistre et sa blancheur céleste aurait dû suffire à guérir quiconque était moins ancré que lui dans ce qui devait être reconnu comme une habitude aussi ancrée que fumer avec lui. Quand je l'ai connu pour la première fois, il exprimait rarement sa fureur de cette manière, et j'imagine qu'il lui avait fait une promesse qu'il gardait sacrée jusqu'à ce que l'usure de ses nerfs avec l'âge l'handicape. Alors ce serait comme s'il luttait contre lui-même jusqu'à ce qu'il ne puisse plus lutter et qu'il lui demande de rendre sa promesse, et ce serait comme si elle la lui rendait. Ses grossièretés étaient l'héritage de son enfance et de sa jeunesse dans des conditions sociales et sous la contrainte d'exigences dans lesquelles tout le monde jurait de manière aussi impersonnelle qu'il fumait. Il est préférable d'en reconnaître le fait, et je le fais d'autant plus facilement que je ne peux pas supposer que l'Ange de l'Enregistrement s'en soucie vraiment beaucoup plus que son Ange Gardien. Cela les affligeait probablement autant, mais ils pouvaient tout aussi bien le pardonner. Rien n'est sorti de sa pose concernant « la maudite race humaine », à l'exception de son invention du Human Race Luncheon Club. Celle-ci était réservée à quatre personnes qui ne furent jamais toutes réunies, et elle périt bientôt de leur indifférence.

Dans les premiers temps auxquels je pense plus particulièrement, l'une des questions dont nous débattions abondamment était de savoir si chaque motivation humaine n'était pas égoïste. Nous avons recherché chaque impulsion, la plus noble, la plus sainte en effet, et il les a trouvées en dernière analyse d'origine égoïste. Presque tout le temps d'un certain trajet ferroviaire de New York à Hartford a été consacré à l'examen minutieux du sacrifice d'une mère pour son enfant, de l'abandon de l'amant qui meurt en sauvant sa maîtresse d'un incendie ou d'une inondation, du courage du héros sur le terrain et du martyr sur le bûcher. Chacun, selon lui, naissait de l'amour inconscient de soi et de la crainte de la plus grande douleur que souffrirait celui qui se sacrifie en s'abstenant du sacrifice. S'il nous restait du temps pour cette enquête ce jour-là, il aurait dû le consacrer à un profond regret que Napoléon n'ait pas réalisé son projet d'envahir l'Angleterre, car il aurait alors détruit l'aristocratie féodale ou « réformé les seigneurs ». comme on pourrait l'appeler maintenant. Il pensait que cela aurait été une bénédiction incalculable pour le peuple anglais et le monde. Clemens a toujours été un républicain magnifique et indéfectible. Aucune de ses appréhensions occasionnelles à l'égard de l'Amérique n'impliquait un retour à la monarchie. Pourtant, il ressentait passionnément la splendeur de la monarchie anglaise, et il fut un temps où il se glorifiait de cette poésie figurative par laquelle le roi était appelé « la Majesté de l'Angleterre ». Il prononça ces mots à gorge déployée et exulta de leur beauté comme si elle dépassait toute autre gloire du monde. Il lisait ou lisait beaucoup l'histoire anglaise, et l'un des sous-produits de son invention agitée était un jeu des rois anglais (comme le jeu des auteurs) pour les enfants. Je ne sais pas s'il l'a jamais perfectionné, mais je suis sûr qu'il n'a pas été mis sur le marché. Très probablement, il l'a amené à un stade réalisable, puis s'en est lassé, comme il avait tendance à le faire à la fin de ses entreprises véhémentes.

XX.

Il satisfit à l'exigence passionnée de sa nature d'activités incessantes de toutes sortes en s'intéressant tant personnellement que pécuniairement aux inventions des autres. À un moment donné, « la maudite race humaine » était sur le point d'être rachetée par un processus de création de laiton sans bulles d'air ; Si cela pouvait être réalisé une fois, comme je l'ai compris ou mal compris, le laiton pourrait être utilisé dans l'impression d'art à un degré jusqu'à présent impossible. J'ose dire que je me trompe, mais je ne me trompe pas quant à l'enthousiasme de Clemens pour le processus et aux lourdes pertes qu'il a subies en payant son chemin jusqu'à l'échec final. Il était simultanément absorbé par le perfectionnement d'une machine à composer, pour laquelle il payait à l'inventeur un salaire pour l'amener à une perfection si coûteuse qu'elle était pratiquement impraticable. Nous étions tous deux imprimeurs de métier, et je pouvais porter le même intérêt que lui à ce merveilleux mécanisme ; et c'était tellement merveilleux qu'il faisait tout sauf marcher et parler. Son ingénieux créateur était si déterminé à réaliser son idéal le plus élevé qu'il a produit une machine d'une efficacité tout à fait irréprochable. Mais une fois terminé, il était si coûteux qu'il ne pourrait pas être fabriqué pour moins de vingt mille dollars, si les pièces étaient fabriquées à la main. Cette somme était prohibitive pour son introduction, à moins que le capital requis ne puisse être trouvé pour fabriquer les pièces par des machines, et Clemens passa de nombreux mois à essayer en vain de réunir cet argent. Entre- temps, des machines plus simples avaient été inventées et le marché s'était rempli, et son investissement de trois cent mille dollars dans le beau miracle restait permanent mais non rentable. Une fois, je l'accompagnai pour assister à sa représentation, et cela me parut effectivement le dernier mot à sa manière, mais il avait été prononcé de manière trop exquise, trop fastidieuse. Je ne l'ai jamais entendu consacrer l'inventeur aux dieux infernaux, comme il avait tendance à le faire avec les génies grâce auxquels il perdait de l'argent, et je pense donc qu'il ne le considérait pas comme un traître.

Dans ces choses, et dans ses autres projets pour le ' subiti guadagni ' du spéculateur et la « création soudaine de noms splendides » pour les bienfaiteurs de notre espèce, Clemens a satisfait la nature en lui-même du colonel Sellers (d'où il a dessiné le tableau de cette figure sauvage et adorable), et a peut-être fait un bon usage de son argent comme il le pouvait. Il n'aimait pas beaucoup l'argent en soi, mais il se réjouissait d'en faire un usage somptueux, et il en était aussi généreux que jamais. Il aimait le donner, mais il se lassait généralement de le donner lui-même, et partout où il vivait, il établissait un aumônier, en qui il avait pleinement confiance pour garder sa main gauche ignorante de ce que faisait sa main droite. Je crois qu'il ne sentait aucune finalité dans la charité, mais il l'a fait parce que, dans son sens provisoire, c'était la seule chose qu'un homme pouvait faire. Je ne l'ai jamais entendu se lancer dans une véritable enquête sociologique, et j'ai le sentiment que ce genre de choses l'a déconcerté et découragé. Personne ne peut lire The Connecticut Yankee sans être conscient de l'étendue de ses sympathies pour la pauvreté, mais apparemment il n'avait pensé à aucun plan pour redresser les torts économiques dont nous abondons. une discussion sur le sujet; nous nous en sommes approchés une fois au cours de la vaste vague d'émotion envoyée à travers le monde par « Looking Backward », et une autre fois lorsque nous étions tous si troublés par la grande grève du charbon en Pennsylvanie ; en estimant qu'il semblait pour le moment douter de la justice de la cause des ouvriers. À tout autre moment, il semblait savoir que, quels que soient les torts commis par l'ouvrier, le travail avait toujours raison.

Lorsque Clemens revint en Amérique avec sa famille, après avoir donné des conférences à travers le monde, je le revis à New York, où je l'ai si souvent vu alors qu'il se préparait à cette entreprise héroïque. Il venait me voir, me parlait avec tristesse de sa ruine financière et se la représentait comme l'objet d'un rêve malheureux qui, après une longue prospérité, avait culminé dans le mauvais sens. C'était très mélancolique, très touchant, mais le chagrin dans lequel il revenait de son long voyage n'avait pas en lui ce désarroi désespéré. Il avait l'air merveilleusement bien, et quand j'ai voulu connaître le nom de son élixir, il m'a répondu que c'était du plasmon . Il était enclin, pour un homme qui avait si résolument renoncé à la foi, à la reprendre et à l'attribuer à une superstition, généralement d'ordre hygiénique. Un jour, alors qu'il était âgé, il vint à New York sans lunettes et annonça que lui et toute sa famille, si astigmatiques, si myopes et si vieux-voyants, avaient pour ainsi dire brûlé leurs lunettes derrière eux sur ordre. d'un sage qui avait découvert qu'ils étaient une illusion. La fois suivante, il portait des lunettes librement, presque ostensiblement, et j'ai entendu dire par d'autres que toute la famille Clemens avait failli perdre la vue à cause du miracle opéré en leur faveur. Maintenant, je n'ai pas été surpris d'apprendre que "la maudite race humaine" devait être sauvée par le plasmon , et que mon premier devoir était de visiter l' agence du plasmon avec lui et de me procurer suffisamment de plasmon pour protéger ma famille contre les maux. il en était l'héritier pour toujours. Je n'ai pas tout de suite compris que plasmon était un des placements qu'il avait faits à partir de « la substance des choses espérées », et dans le destin d'une désastreuse déception. Mais après avoir remboursé les créanciers de sa défunte maison d'édition, il a dû faire quelque chose avec son argent, et ce n'était pas de sa faute s'il n'avait pas fait fortune avec le plasmon .

XXI.

Pendant un certain temps, la question se posa de savoir s'il ne devait pas retourner avec sa famille dans leur ancienne maison de Hartford. Peut-être que le cœur du père et de la mère les y attirait d'autant plus fortement que la douleur y était inscrite de manière ineffaçable, mais pour les plus jeunes, ce n'était plus la mesure du monde. Il était plus facile pour tous de rester indéfiniment à New York, qui est un séjour sans circonstance et également le foyer de l'exil et de l'indécision. Les Clemens prirent une maison agréable et spacieuse à Riverdale, sur l'Hudson, et là j'ai commencé à les revoir dans des conditions qui ressemblaient aux douces anciennes conditions. Ils vivaient beaucoup plus sans prétention qu'avant, et je pense avec une notion d'économie qu'ils n'avaient jamais mise en pratique avec beaucoup de succès . Je me souviens qu'à la fin d'une certaine année à Hartford, alors qu'ils avaient économisé et payé tout comptant, Clemens m'écrivit, me rappelant leur expérience avouée, et me demandant de deviner combien de factures ils avaient au Nouvel An ; il s'empressa de dire qu'un char à chevaux ne les aurait pas retenus. À Riverdale, ils n'avaient pas de voiture, et par une nuit de neige, je me rendis à leur beau vieux manoir dans le fourre-tout de la gare, qui était recouvert de boue comme celui de la descente du Déluge après avoir transporté Noé et sa famille de l'Arche à quel que soit le point auquel ils ont décidé de se fixer provisoirement. Mais les bonnes paroles, les paroles riches, les paroles qui ne pouvaient jamais souffrir de pauvreté d'esprit ou d'âme, étaient là, et nous nous sommes retrouvés avec jubilation dans notre jeunesse intermédiaire. C'était le moment puissant où Clemens construisait ses machines de guerre pour la destruction de la Science Chrétienne, une superstition que personne, et lui encore moins, ne s'attendait à détruire. Il ne serait pas facile de dire si, dans son discours, son dégoût pour les bavardages analphabètes du livre de Mme Eddy, ou son admiration pour son génie d'organisation, était le plus grand. Il croyait qu'en tant que machine religieuse, l'Église de la Science Chrétienne était aussi parfaite que l'Église romaine et destinée à être plus redoutable dans son contrôle de l'esprit des hommes. Il cherchait à l'étendre à l'ensemble de la chrétienté et, tout au long de l'hiver qu'il passa à Riverdale, il était prêt à rencontrer tous les auditeurs à plus de la moitié du chemin avec sa conviction de sa puissante compréhension du désir humain moyen d'obtenir quelque chose pour rien. La vulgarité creuse de ses textes était pour lui une joie perpétuelle, tandis qu'il s'inclinait avec un sérieux respect devant la sagacité qui bâtissait si solidement sur le roc éternel de la crédulité et de la folie humaines.

Une phase intéressante de sa psychologie dans cette affaire était non seulement son admiration pour la politique magistrale de la hiérarchie de la Science Chrétienne, mais aussi sa volonté de permettre que les miracles de ses guérisseurs soient testés sur ses amis et sa famille, s'ils le souhaitaient. Il avait un cœur tendre pour toute la génération d'empiriques, ainsi que pour les nouveaux types de scientifiques , mais il semblait fonder sa confiance en eux en grande partie sur l'échec des habitués plutôt que sur leurs propres succès, auxquels il croyait également. Il désirait de manière récurrente, mais pas insistante, que vous essayiez leurs étranges magies alors que vous alliez essayer les médicaments familiers.

XXII.

L'ordre de ma connaissance, ou plutôt de mon intimité, avec Clemens était le suivant : notre première rencontre à Boston, mes visites chez lui à Hartford, ses visites chez moi à Cambridge, à Belmont et à Boston, nos rencontres plus brèves et moins fréquentes à Paris et New York, le tout avec des interruptions répétées lors de mes absences en Europe, et de ses séjours à Londres, Berlin, Vienne et Florence, et de ses vols vers les nombreuses extrémités et bric-à-brac de la terre. Je n'essaierai pas de suivre les événements, s'ils n'étaient plutôt des expériences subjectives, de ces différentes périodes et moments que je ne dois pas manquer de faire inclure son été au port de York et ses diverses résidences à New York, le 10 décembre. Street et sur la Cinquième Avenue, à Riverdale et à Stormfield , dont sa fille m'a dit qu'il préférait toutes ses maisons et qu'il espérait en faire sa maison pendant de longues années.

Il ne me reste pas grand-chose de la semaine que nous avons passée ensemble à Paris au début de l'été 1904. La première chose que j'ai reçue de mes banquiers fut un télégramme annonçant que mon père était atteint de paralysie, mais me demandant de rester plus longtemps. intelligence, et j'ai circulé, jusqu'à ce que l'appel final arrive, la tête dans un brouillard d'inquiétude et d'effroi. Clemens a été très gentil et fraternel à travers tout cela. Il vivait grandement, à son avis, dans un de ces petits hôtels à arcades de la rue de Rivoli , et il était libre de tout ménage pour venir avec moi. Nous avons roulé ensemble pour passer des appels de digestion dans de nombreuses maisons où il avait eu une indigestion à cause de sa réticence à recevoir leur hospitalité, car il détestait dîner au restaurant. Mais, comme il l'a expliqué, sa femme voulait qu'il fasse ces visites, et il l'a fait, car il faisait tout ce qu'elle voulait. À un endroit, dans une villa de banlieue, il ne pouvait obtenir aucune réponse à sa sonnerie, et il "passa" ses cartes au-dessus du portail juste au moment où celui-ci s'ouvrait, et il eut la honte d'expliquer dans son français peu explicatif à l'homme qui les récupérait. Il était terriblement impuissant avec ses cochers, mais en souriant très cordialement et en s'en remettant à la merci des chauffeurs, il parvenait toujours à arriver là où il voulait. La famille était sur le point de déménager et il faisait quelques petites courses ; il dit que les autres faisaient l'essentiel et le laissaient faire ce que le chat voulait.

C'est avec ce retour sur la vague flottante du plasmon , renouvelé en apparence et en membres, que la popularité universellement répandue de Clemens a commencé dans son propre pays. Jusqu'ici, il avait été plus intelligemment accepté ou plus largement imaginé en Europe, et je suppose que c'est mon sentiment de cela qui m'a inspiré la stupidité de lui dire, lorsque nous en sommes venus à considérer « l'état du savoir poli » parmi nous : «

Vous ne devez pas Je ne m'attends pas à ce que les gens continuent ici comme ils le font en Angleterre. Mais il semblait que ses compatriotes voulaient seulement avoir cette chance, et ils l'ont maintenue en son honneur au-delà de tout précédent. On ne fait pas un catalogue de dîners, de réceptions, de réunions, de discours, etc., alors qu'il y a des choses plus vitales à aborder. Il aimait ces joies évidentes, et il recherchait avec acharnement, dans les occasions qu'elles lui offraient, l'éclat qui lui paraissait si inépuisable et si épuisant. Ses amis voyaient qu'il s'épuisait, et ce n'était pas seulement à cause de la santé de Mme Clemens qu'ils étaient heureux de le voir se réfugier à Riverdale. La famille y vécut deux années heureuses et sans espoir, puis il fut ordonné de changer de climat, pour le bien de sa femme, dans un climat moins exigeant. Clemens n'était pas impatient d'aller à Florence, mais son imagination était captivée, comme elle l'aurait été autrefois, par l'idée d'emballer ses meubles dans des cages en acier flexibles depuis sa maison de Hartford et de les déballer intacts dans sa villa. à Fiésole. Il tirait tout le plaisir qu'un homme pouvait tirer de ce triomphe de l'esprit sur la matière, mais l'ombre envahissait sa vie. Un après-midi ensoleillé, nous nous sommes assis sur l'herbe devant le manoir, après que sa femme ait commencé à se rétablir assez bien pour être enlevée, et nous avons levé les yeux vers un balcon où peu à peu cette charmante présence se faisait visible, comme si elle s'était penchée là. d'un nuage. Une main frêle agitait un mouchoir ; Clemens courut vers lui sur la pelouse, appelant tendrement : « Quoi ? Quoi ? comme si c'était une demande pour lui au lieu de la salutation qu'elle était réellement pour moi. C'était la dernière fois que je la voyais, si tant est qu'on puisse dire que je l'ai vue alors, et longtemps après, quand je disais combien nous la trouvions tous belle, combien bonne, combien sage, combien merveilleusement parfaite dans tous les rapports de la vie, il s'écria d'une voix brisée : "Oh, pourquoi ne lui as-tu jamais dit ? Elle pensait que tu ne l'aimais pas." Quelle douleur ce fut alors de ne pas lui avoir dit, mais comment aurions-nous pu le lui dire ? Sa déraison me le faisait aimer plus que toute sa sagesse.

À ce séjour à Riverdale appartiennent mes impressions sur ses rages anti-chrétiennes scientifiques les plus violentes, qui ont commencé avec le report de son livre, et se sont adoucies jusqu'à l'acceptation du retard jusqu'à ce qu'il ait presque oublié sa colère lors de sa sortie. Il y a eu également un de nos épisodes communs qui, curieusement, n'a pas abouti à un échec total, comme l'ont fait la plupart de nos épisodes communs. Il m'a écrit avec fureur au sujet d'un tort qui avait été fait à l'un des plus impuissants et des plus aidés de nos frères littéraires, me demandant de me joindre à lui pour récupérer l'argent versé par l'éditeur de ce frère à un faux ami qui l'avait retenu et n'en donnerait aucun compte. Notre malheureux frère avait fait appel à Clemens, comme il l'avait fait à moi, en lui expliquant les faits, mais sans nous demander notre aide, probablement parce qu'il savait qu'il n'avait pas besoin de la demander ; et Clemens m'a joint un message très prenant à la gorge qu'il se proposait d'envoyer au faux ami. Pour une fois, j'ai eu un peu de bon sens et j'ai répondu que cela ne suffirait jamais, car nous n'avions vraiment aucun pouvoir en la matière, et j'ai rédigé une lettre au recréant si doucement diplomatique que j'y penserai toujours avec fierté lorsque mon honnêteté ne sera plus. donnez-moi satisfaction, en disant que cet incident était parvenu à notre connaissance et en suggérant que nous étions sûrs qu'il ne souhaiterait finalement pas retenir l'argent. Rien de plus, pratiquement, que cela, mais c'était suffisant ; nous sommes rapidement revenus d'une lettre de justification, couvrant un chèque très important, que nous avons transmise de manière hilarante à notre bénéficiaire. Mais l'homme sans défense, si habitué à être secouru, ne répondit pas avec la joie que j'attendais de lui, du moins. Il accusa réception du chèque comme de tout paiement ordinaire, puis il nous fit remarquer qu'il lui restait une somme importante à payer sur les sommes retenues. C'est alors que j'ai proposé à Clemens de laisser la victime nonchalante récupérer elle-même les restes. Des nuages de chagrin s'étaient accumulés autour de la tête baissée du délinquant depuis que nous avions commencé à lui parler, et mes sympathies inconstantes se détournaient de la victime qui était en réalité responsable de lui avoir laissé ses affaires sans surveillance en premier lieu. Clemens a fait une sorte d'assentiment courageux et nous avons laissé tomber l'affaire. Il était plus habitué à l'ingratitude de ceux qu'il aidait que moi, qui trouvait moins amusant de se faire imposer que ma révolte. Il a estimé que j'avais raison, a-t-il dit, et après cela, je pense que nous ne sommes plus jamais revenus sur cet incident. Ce n'était pas l'ingratitude qui lui importait ; c'était une trahison qui l'avait vraiment rendu fou au-delà du pardon.

XXIII.

Pendant l'été qu'il passa au port de York, je n'étais qu'à quarante minutes de là, à Kittery Point, et nous nous voyions souvent ; mais c'était avant la dernière fois à Riverdale. Il possédait un cottage large et bas dans une pinède surplombant la rivière York, et nous avions l'habitude de nous asseoir dans un coin de la véranda le plus éloigné de la fenêtre de Mme Clemens, où nous pouvions nous lire nos manuscrits, nous raconter nos histoires et rire de tout notre cœur sans la déranger. Au début, elle s'occupait de la maison et, par un doux après-midi, elle nous préparait du thé dans le salon, mais ce fut la dernière fois que je lui parlai. Après cela, il s'agissait vraiment de savoir comment elle pourrait être ramenée à Riverdale le plus rapidement et le plus facilement possible ; mais, bien sûr, il y avait des retards spécieux au cours desquels elle ne semblait pas pire mais un peu mieux, et Clemens pouvait travailler sur un roman qu'il avait commencé. Il avait pris une chambre chez un ami et voisin, pêcheur et batelier ; il y avait une table où il pouvait écrire et un lit où il pouvait s'allonger et lire ; et là, à moins que ma mémoire ne m'ait joué un de ces tours constructifs auxquels se livre la mémoire des gens, il m'a lu les premiers chapitres d'une admirable histoire. La scène se déroulait dans une ville du Missouri et les personnages étaient tels qu'il avait connu dans son enfance ; mais chaque fois que j'ai essayé de le lui faire admettre, il a nié avoir écrit une telle histoire ; il est possible que j'en ai rêvé, mais j'espère que le MS. sera encore trouvé. Après réflexion, je ne peux pas croire que je l'ai rêvé, et je ne peux pas croire que ce soit un effet de ce genre de pseudomnémoniques dont j'ai parlé. Les personnages du roman sont trop clairement définis dans mes souvenirs, accompagnés de quelques réserves critiques de ma part à leur sujet. Non seulement il semble m'avoir lu ces premiers chapitres, mais il en a discuté avec moi et a esquissé toute l'histoire.

Je ne peux pas dire s'il croyait ou non que sa femme se rétablirait ; il a combattu jusqu'au bout la peur de sa mort ; car sa vie était bien plus largement la sienne que celle de la plupart des épouses d'hommes. Je crois qu'il ne s'en serait jamais soucié de sa propre vie, si je puis me fier aux paroles de quelqu'un qui était aussi absolument sans pose que lui. Il a dit qu'il n'avait jamais vu un mort qu'il n'enviait pas parce qu'il en avait fini avec cela. La vie l'avait toujours amusé, et dans la résurgence de ses intérêts après le reflux de son chagrin, il s'intéressait à nouveau profondément au monde et au genre humain, qui, bien que damnés, regorgeaient de sujets d'enquête curieux. Lorsque le moment fut venu d'éloigner sa femme du port d'York, je l'accompagnai à Boston, où il souhaitait rechercher le meilleur moyen de la transporter à New York. L'enquête l'absorbait : le genre de voiture invalide qu'il pourrait obtenir ; comment elle pourrait être transportée jusqu'à la gare du village ; comment le wagon pouvait être détaché du train de l'est à Boston et transporté jusqu'au train du sud de l'autre côté de la ville, puis comment il pouvait être attaché au train de l'Hudson River à New York et laissé à River dale. Il n'y avait aucun détail de l'affaire qu'il ne scrutât et ne maîtrisât, non seulement avec son souci poignant de son bien-être, mais avec sa vive curiosité quant à la façon dont ces choses inhabituelles étaient faites avec les moyens habituels. Avec l'inertie qui grandit chez un homme vieillissant, il avait l'habitude de déléguer de plus en plus de choses, mais de cela je m'aperçus qu'il ne déléguerait pas le moindre détail.

Il avait eu l'intention de ne plus jamais partir à l'étranger, mais quand le moment était venu de partir, il n'avait pas hâte de revenir ; il espérait vivre toujours à Florence après cela ; ils étaient habitués à la vie et ils y avaient été heureux quelques années plus tôt avant qu'il parte avec sa femme à la cure de Nauheim. Mais quand il revint à la maison, c'était pour de bon et tout. Il était naturel qu'il souhaite vivre à New York, où ils avaient déjà passé une année agréable à Tenth Street. Je le voyais là, dans une chambre haute, regardant vers le sud, sur un espace calme et ouvert d'arrière-cours où nous combattions au nom des Philippins et des Boers, et il poursuivait sa campagne contre les missionnaires en Chine. Il n'avait pas encore pris l'habitude de rester au lit des journées entières et d'y lire et d'écrire, et pourtant il restait beaucoup au lit, par faiblesse, je suppose, et pour le simple confort.

Mes perspectives ne sont pas très claires et, dans le raccourcissement des événements qui se produit toujours lors de notre examen du passé, il se peut que je ne fasse pas toujours les choses correctement. Mais je crois que ce n'est que lorsqu'il a pris possession de sa maison au 21 de la Cinquième Avenue qu'il a commencé à me parler d'écrire son autobiographie. Il voulait dire que ce devait être un récit parfaitement véridique de sa vie et de son époque ; pour la première fois dans la littérature, il devrait y avoir une véritable histoire d'un homme et une véritable présentation des hommes que cet homme a connus. Au fur et à mesure que nous en parlions, le projet s'est élargi dans notre imagination tumultueuse. Nous avons dit que ce ne devrait pas être seulement un livre, ce devrait être une bibliothèque, pas seulement une bibliothèque, mais une littérature. Il devrait compenser la perte du monde causée par la barbarie d'Omar à Alexandrie ; il n'y avait pas d'image si grotesque, si extravagante avec laquelle on ne jouât pas ; et le travail, dans la mesure où il l'a mené, a été réellement réalisé sur une échelle colossale. Mais un jour il dit que quant à la véracité, c'était un échec ; il avait commencé à mentir, et que si aucun homme n'avait jamais dit la vérité sur lui-même, c'était parce que personne ne le pourrait jamais. Je ne peux pas dire jusqu'où il a poussé son autobiographie ; il dictait la chose plusieurs heures chaque jour ; et le public en a déjà vu de longs passages, et peut probablement juger de la nature et de la matière de l'ensemble à partir de ceux-ci. Il est extrêmement inclusif et n'observe aucun ordre ni séquence. Je n'ai aucun moyen de savoir si maintenant, après sa mort, il sera publié bientôt ou tard. Une ou deux fois, il a dit d'une manière vague que l'ouvrage ne serait pas publié avant vingt ans, afin de minimiser l'inconfort de la publicité pour tous les survivants. Soudain, il m'a dit qu'il n'y travaillait pas ; mais je ne comprenais pas s'il l'avait terminé ou s'il l'avait simplement laissé tomber ; Je n'ai jamais demandé.

Nous vivions dans la même ville, mais plutôt éloignés les uns des autres, lui à la Dixième Rue et moi à la Soixante-Dixième, et avec nos rhumes et autres handicaps, nous ne nous voyions pas souvent. Il s'attendait à ce que je vienne vers lui, et je ne le ferais pas sans un certain retour de mes visites, mais nous n'avons jamais cessé d'être amis et de bons amis, autant que je sache. Je lui ai plaisanté une fois sur la façon dont j'allais me révéler dans son autobiographie, et il m'a en quelque sorte rassuré en plaisantant. Il y a cependant eu un incident qui nous a rapprochés très fréquemment et activement. Il est venu un dimanche après-midi pour me faire appeler avec lui au sujet de Maxime Gorki, qui logeait dans un hôtel quelques rues au-dessus du mien. Nous étions tous deux intéressés par Gorki, Clemens plutôt en tant que révolutionnaire et moi en tant que réaliste, même si moi aussi je souhaitais du mal au tsar russe et du romancier dans sa mission auprès des sympathisants russes de cette république. Mais j'avais vécu l'épisode de la visite de Kossuth chez nous et sa vaine tentative de récolter des fonds pour la cause hongroise en 1851, alors que nous étions une nation plus jeune et plus noble qu'aujourd'hui, avec des cœurs, sinon des mains, ouverts aux « opprimés d'Europe ». " ; les opprimés d'Amérique, les quatre ou cinq millions d'esclaves, nous ne les comptions pas. Je ne croyais pas que Gorki puisse obtenir l'argent qu'il était venu chercher pour la cause de la liberté en Russie ; comme je l'ai dit à un de ses précieux amis, je ne pensais pas qu'il pourrait obtenir deux mille cinq cents dollars, et je pense que maintenant j'ai fixé le chiffre trop élevé. J'avais déjà refusé de signer l'appel général que ses amis lançaient à nos principes et à nos finances, parce que je le trouvais totalement inutile, et lorsque le journal fut publié en présence de Gorki et que Clemens y apposa son nom, je refusai encore. Le lendemain, Gorki fut expulsé de son hôtel avec la femme qui n'était pas sa femme, mais qui, je dois le dire, n'avait pas l'air de ne pas l'être, du moins pour moi, qui ne suis cependant pas versé dans ces domaines. aspects de la nature humaine.

J'aurais pu passer inaperçu, mais la tête familière de Clemens nous a livrés aux journalistes qui attendaient à l'entrée de l'ascenseur tous ceux qui allaient voir Gorki. En l'occurrence, une chasse aux intervieweurs s'ensuivit pour nous individuellement et conjointement. Je pouvais rester à l'écart dans mon appartement d'hôtel, répondant à ces gardiens du droit public de tout savoir que je n'avais rien à dire sur les affaires intérieures de Gorki ; car l'intérêt public s'était désormais éloigné de la révolution et se concentrait entièrement sur elle. Mais avec Clemens, c'était différent ; il vivait dans une maison avec une porte sur rue tenue par un seul majordome, et on l'appelait constamment. J'oublie combien de temps a duré le siège, mais suffisamment longtemps pour que nous puissions nous amuser. C'était le moment de la grande éruption du Vésuve , et nous nous figurions à proximité d'un volcan qui, de temps à autre, « soufflait un cône », comme le disait l'expression télégraphique. Le toit du grand marché de Naples venait de se briser sous son chargement de cendres et de cendres, et d'écraser des centaines de personnes ; et nous nous sommes demandés si nous n'étions pas désolés de ne pas avoir été là, où la pression aurait été bien moins terrible que chez nous sur la Cinquième Avenue. Le majordome interdit a donné un message indiquant qu'il y avait des messieurs en bas qui voulaient voir Clemens.

"Combien?" il a ordonné.

"Cinq," balbutia le majordome.

« Des journalistes ?

Le majordome feignit l'incertitude.

"Que feriez-vous?" il m'a demandé.

"Je ne les verrais pas", dis-je, puis Clemens descendit directement vers eux. Comment et par quels moyens il a apaisé leur voracité, je ne peux le dire, mais je crois que c'était par l'aveu de la vérité exacte, ce qui était assez inoffensif. Ils s'en allèrent joyeux, et il revint radieux de satisfaction de les avoir vus. Bien sûr, il avait raison et moi tort, et il avait raison sur le point en litige entre Gorki et ceux qui l'avaient traité impuissant avec une si cruelle ignominie. Aux États-Unis, il n'est pas d'usage que les hommes vivent ouvertement dans des hôtels avec des femmes qui ne sont pas leurs épouses. Gorki avait violé cette convention et il dut en payer la peine ; et quant à la destruction de son efficacité en tant qu'émissaire de la révolution, sa bévue était pire qu'un crime.

XXIV.

À l'époque de la résidence de Clemens sur la Cinquième Avenue appartient son efflorescence en serge blanche. Il s'est toujours montré plutôt indifférent à la tenue vestimentaire et, très tôt, lors de notre connaissance, Aldrich et moi avons tenté de le réformer en sortant en boîte pour lui acheter une cravate. Mais il ne voulait pas ranger son petit nœud noir et raide, et jusqu'à ce qu'il imaginât le costume de serge blanche, il portait toujours un costume de serge noire, vraiment déplorable dans la coupe de la robe affaissée. Une fois sa mesure prise, il refusa de faire de ses vêtements l'occasion d'entretiens personnels avec son tailleur ; il envoya le tout par la gentille femme âgée qui avait été au service de la famille dès les premiers jours de son mariage, et accepta le résultat sans critique. Mais la serge blanche était une inspiration sur laquelle peu d'hommes auraient eu le courage d'agir. La première fois que je l'ai vu le porter, c'était lors de l'audition des auteurs devant le Comité du Congrès sur le droit d'auteur à Washington. Rien n'aurait pu être plus dramatique que le geste avec lequel il se débarrassa de son long pardessus ample et se dressa vêtu de blanc depuis ses pieds jusqu'au sommet de sa tête argentée. C'était un coup d'État magnifique, et il aimait beaucoup un coup d'État ; mais le magnifique discours qu'il a prononcé, déchirant le vénérable farrago d'absurdités sur la non-propriété dans les idées qui avaient constitué la base de toute la législation sur le droit d'auteur, a fait oublier même son caractère spectaculaire .

On sait à quel point il était fier de sa robe Oxford, non seulement parce qu'elle symbolisait l'honneur que lui accordait la plus haute instance littéraire du monde, mais aussi parce qu'elle était si riche et si belle. Le rouge et la lavande du tissu flattaient ses yeux comme ne pouvait le faire le noir soyeux du même degré de docteur en lettres, obtenu des années auparavant à Yale. Son bonheur franc et provocant, mêlé à un sens du burlesque, était quelque chose que ceux qui manquaient de son âme de poète ne pourraient jamais imaginer ; ils le considéraient comme vain, faible ; mais cela ne lui aurait pas importe s'il l'avait su. Au cours de son séjour à Londres, il avait pris l'habitude de porter un haut-de-forme et, pendant un certain temps, il se prélassait magnifiquement le long de la Cinquième Avenue, dans cet emblème de la société ; mais il semblait s'en lasser et revenir gentiment au chapeau mou de sa tradition du Sud-Ouest.

Il n'aimait pas les clubs ; Je ne sais pas s'il appartenait à quelqu'un à New York, mais je ne l'ai jamais rencontré. Comme je l'ai dit, il avait lui-même formé le Human Race Club, mais comme il n'a jamais pu le mettre sur pied, cela ne comptait guère. Il devait y avoir une réunion à ce sujet lors de ma seule visite à Stormfield en avril de l'année dernière ; mais des trois qui devaient venir, je suis venu seul. Nous nous sommes très bien entendus sans les absents, après les avoir trouvés en tort, comme d'habitude, et la visite était semblable à celles que j'avais eues avec lui tant d'années auparavant à Hartford, mais il n'y avait pas l'ancien ferment de sujets. Beaucoup de choses avaient été discutées et mises de côté pour de bon, mais nous avions gardé notre ancien attachement pour la nature et les uns pour les autres, qui en faisaient partie si différemment. Il a montré qu'il était absolument satisfait de sa maison, et cela m'a d'autant plus fait plaisir que c'est mon fils qui l'a conçue. L'architecte avait eu la chance de pouvoir le planifier là où une allée naturelle de savins , les cèdres serrés , élancés et ressemblant à des cyprès de la Nouvelle-Angleterre, s'éloignait de l'arrière de la villa jusqu'au petit niveau d'une pergola. un jour, il sera couronné et couvert de vignes. Mais au début du printemps, tout le paysage était dans la belle nudité de l'hiver nordique. Il s'ouvrait dans la beauté incomparable des hautes terres boisées et prairies , sous un ciel qui était le premier jour bleu et le dernier gris sur un sol pluvieux puis enneigé. Nous marchions de long en large, de haut en bas, entre la terrasse de la villa et la pergola, et causions avec l'amusement mélancolique, la triste tolérance de l'âge pour le genre d'hommes et de choses qui nous excitaient ou nous enrageaient ; nous étions désormais bien au-delà des turbulences et de la colère. Une fois, nous avons fait une promenade ensemble à travers les pâturages jaunes jusqu'à un ruisseau gouffre sur ses terres, où la glace tricotait encore les rives argileuses ensemble comme des mousses cristallines ; et le ruisseau, au loin, se heurtait à travers et sur les pierres et les éclats de glace. Clemens m'a montré le décor qu'il avait acheté pour se donner une marge de manœuvre et m'a montré le terrain sur lequel il allait me faire construire. Le lendemain, nous sommes revenus avec le géologue qu'il avait demandé à Stormfield pour en analyser les roches. En vérité, il aimait cet endroit, même s'il avait été si las du changement et si indifférent à ce changement qu'il ne l'avait jamais vu avant de venir y vivre. Il a laissé tout cela à l'architecte qu'il avait connu dès son enfance dans l'intimité qui unissait nos familles, même si nous vivions corporellement assez éloignés. J'adorais ses petits et il était gentil avec les miens et était leur ami ravi et émerveillé. Encore et encore, et encore et encore, l'ombre noire qui ne s'élèvera jamais là où elle tombe, est tombée dans sa maison et dans la mienne, pendant les quarante années et plus que nous étions amis, et nous a rendu encore plus chers l'un à l'autre. .

XXV.

Ma visite à Stormfield s'est terminée avec de tendres réticences de sa part et de la mienne. Chaque matin, avant de m'habiller, je l'entendais prononcer mon nom dans la maison pour le plaisir et je le sais pour l'affection ; et si je regardais par la porte, il était là, dans sa longue chemise de nuit, se balançant de long en large dans le couloir, et remuant sa grosse tête blanche comme un garçon qui quitte son lit et sort dans l'espoir de gambader avec quelqu'un . Le dernier matin, une douce neige sucrée était tombée et tombait, et je l'ai traversé jusqu'à la gare dans la voiture qui lui avait été donnée par le père de sa femme lors de leur premier mariage, et qui avait été gardé toutes ces années dans une retraite honorable pendant toutes ces années. cette utilisation finale. Ses sources n'avaient pas cédé avec le temps ; il avait plutôt la raideur et la sévérité de l'âge ; mais pour lui, il a dû basculer bas comme le doux char du nègre « spirituel » que je l'ai entendu chanter avec tant de ferveur, lorsque ces merveilleux hymnes des esclaves ont commencé à se diriger vers le nord. « Descends, Daniel », en est un dans lequel j'entends maintenant son ténor chevrotant. Il était amoureux des choses qu'il aimait et plein d'une passion pour elles qui se contentait de les lire à haute voix d'une manière incomparable. Personne ne pouvait lire « Oncle Remus » comme lui ; sa voix faisait écho à celle des infirmières noires qui racontaient à son enfance des histoires merveilleuses. Je me souviens surtout de son ravissement devant les « Vieilles journées créoles » de M. Cable et de la force passionnante avec laquelle il prononça l'interdiction du frère du lépreux lorsque l'enquête de la ville parcourait une avenue à travers la maison où le lépreux vivait caché : " Strit ne doit pas passer ! »

À partir d'une nature riche et fertile au-delà de tout ce que j'ai connu, matière que lui a donnée le Mystère qui fait un homme et le laisse ensuite se refaire, il a forgé un caractère de haute noblesse sur un fondement de vérité claire et solide. Au dernier jour, il n'aura rien à avouer, car toute sa vie a été la libre connaissance de quiconque le lui demanderait. Celui qui cherche les cœurs ne lui fera pas honte ce jour-là, car il n'a pas essayé de cacher aucune des choses pour lesquelles il était souvent si amèrement désolé. Il savait où se trouvait la responsabilité, et il en assuma courageusement la part d'homme ; mais il n'en laissa pas moins courageusement le reste de la réponse au Dieu qui avait imaginé les hommes.

C'est en vain que j'essaie de donner une idée de l'intensité avec laquelle il a percé le cœur de la vie, et de la largeur de vision avec laquelle il a parcouru le monde entier, et essayé pour la raison des choses, puis a renoncé à essayer. Nous avons eu d'autres rencontres, insignifiantes et brèves ; mais la dernière fois que je l'ai vu vivant m'a été rendue mémorable par le sens judiciaire aimable et clair avec lequel il a expliqué et justifié les syndicats comme la seule aide actuelle des faibles contre les forts.

Ensuite je le vis mort, couché dans son cercueil, au milieu de ces fleurs dont nous guirlandes notre désespoir en cette heure impitoyable. Après que la voix de son vieil ami Twichell ait été élevée dans la prière où elle gémissait dans une supplication au cœur brisé, j'ai regardé un instant le visage que je connaissais si bien ; et il était patient de cette patience que je lui avais si souvent vue : quelque chose d'énigme, une grande dignité silencieuse, un assentiment à ce qui doit être du fond d'une nature dont le sérieux tragique se brisait dans le rire que les imprudents prenaient pour tout le monde. de lui. Emerson, Longfellow, Lowell, Holmes – je les connaissais tous ainsi que tous nos autres sages, poètes, voyants, critiques, humoristes ; ils étaient semblables les uns aux autres et comme les autres hommes de lettres ; mais Clemens était le seul, incomparable, le Lincoln de notre littérature.